1914
Das Reguläre Frontschwein

*Aus dem Leben des Gaspioniers
Otto Christian Koufen*

1914
Das Reguläre Frontschwein

Aus dem Leben des Gaspioniers
Otto Christian Koufen

Doris Hauser

Copyright © 2014 Doris Hauser, geb. Koufen
weitere Mitwirkende: Michael Hauser, Dr. Annette Hauser-Fang
Brandon Hauser, Lindsay Hauser
Redaktionelle Verarbeitung und Publizierung:
Doris Hauser, Hechtgang 1, 78484 Konstanz
ISBN 978-3-00-045716-6
Originalausgabe
Das Werk, einschließlich seiner Teile, ist urheberrechtlich geschützt. Jede Verwertung ohne Zustimmung des Autors ist unzulässig. Dies gilt insbesondere für die elektronische oder sonstige Vervielfältigung, Übersetzung, Verbreitung und öffentliche Zugänglichmachung.

Bibliografische Information der Deutschen Nationalbibliothek:
Die Deutsche Nationalbibliothek verzeichnet diese Publikation in der Deutschen Nationalbibliografie; detaillierte bibliografische Daten sind im Internet über http://dnb.d-nb.de abrufbar.

Sie finden uns im Internet unter: www.1914dasfrontschwein.com

Anmerkung des Herausgebers:

Kriegführen ist eine der schrecklichsten menschlichen Handlungen. Viele Frontheimkehrer konnten darüber kaum berichten. Ihre Lippen waren verschlossen, ihr Herz erstarrt. Otto Christian Koufen, Jahrgang 1895, in Bonn geboren, gerade Abiturient als der Krieg begann, glaubte als Kriegsfreiwilliger spätestens an Weihnachten 1914 als Sieger zurückzukehren.

Dass es anders kam, wissen wir. Der Heimkehrende wurde Lehrer, Versicherungskaufmann, ... und versuchte nebenbei, das schreckliche Geschehen in Form eines Berichtes in Worte zu fassen, sich Luft zu verschaffen.

Um seine Erzählungen möglichst verständlich zu gestalten, haben die Herausgeber es sich an gewissen Stellen herausgenommen, Unklarheiten zum besseren Verständnis zu verändern. Der Stil der Erzählung, inklusive die Verwendung der Zeiten, wurde weitgehend unverändert gelassen, was bei manchen Passagen die Verwendung verschiedener Zeiten im gleichen Paragraph beinhaltet. Um der »Übersetzung« aus dem originalen Sütterlin besonders gerecht zu werden, wurden keine dieser Originaldetails verändert. Wir hoffen, dass Sie als Leser die Nähe zum Original schätzen. Otto Christian Koufens handgeschriebener Kriegsbericht entstand ungefähr zehn Jahre nach Ende des ersten Weltkriegs.

Das handschriftlich in Sütterlinschrift verfasste Original ist bis heute erhalten.

Danksagung:

Wir wollen uns bei den fogenden Personen für ihre Unterstützung bei der Erstellung des Manuskripts bedanken: Dr. Hubert Koufen für die »Übersetzung« aus der Sütterlinschrift, Walter Fackler für die technische Hilfe und Hermann Kaiser für die rechtliche Beratung.

Inhaltsverzeichnis:

Und So Ging's Los — 15
Köln

Stimmungswirrwarr — 23

Engländer, Franzosen, Italiener, Schweizer, Österreicher... — 27

Elise und Butterbrote — 31

Wilhelmshaven — 37
An der Nordsee

Mit Macht an die Front — 45

'Ne Fresse wie ein Offizier habe ich schon — 49

Einjährige und Kölsche Kluten — 55

14-tägige Frontreise - der Zorn des Hauptmanns — 63
Roulers, Becelaire, Stube 136

Zum Landübungsplatz — 69

Es wird Ernst — 73
Auf der Heide

Im Schlammloch — 79
Ferbesthal - Lüttich - Oudemarde - Menin - Gheluwe - Ipern - Geluvelt

So ein Mitleidiges Schüßlein — 89
Gheluwe - Geluvelt - La Hogue

Dem Heldentot auf der Spur — 99
Schloßpark von Geluvelt

Nur kein Ziel bieten — 105
Schloßpark von Geluvelt

Tellerbohrer - Acht Stunden im Schlammwasser — 113
Schloßpark von Geluvelt - Wytschaete-Bogen

Eine Postkarte genügt, um jederzeit Ersatz für Dich zu kriegen! — 121
Menin - Roulers - Staden - das Land um Ipern

Dicke Berta	**129**
In den Houthulster Wald	
Parole Feldgrau	**139**
Im Ruhequartier - Staden - Roulers	
Krieg verflucht, nur bon pour Capitalistes -!	**145**
Im Ruhequartier	
Im Casino	**149**
Im Ruhequartier	
Madame	**153**
Roulers - Gent - Courtrai	
Ostern mal ganz anders - Houthulster Wald	**157**
Im Graben - Langemark	
Die Größte Unterlassungssünde...	**169**
Bitschoote - Langemark	
Muhh	**175**
Leere Flaschen für den Mann mit den Sieben Sprachen	**179**
Bitschoote	
Fou	**185**
Armentières	
Bei den Sachsen	**193**
Cermentière	
Madame und Herr Patron - eine Tat der Menschlichkeit	**197**
Cermentière	
Eigentlich Hätten Wir Mehr Wissen Wollen Vom Frontschwein	**203**
Was Wir nicht Wussten...	**207**
Quellen:	**217**
Zur Person des Otto Christian Koufen:	**219**

1914…Wie bei Dornröschen sind jetzt genau hundert Jahre vergangen, seit die Dinge geschehen sind, die hier beschrieben werden.

Frontschwein, ich frage mich schon lange, was Du zu erzählen hast, und deshalb ist es an der Zeit, Dein altes, verstaubtes Buch vom Speicher zu holen.

Mit Mut wollen wir es endlich aufschlagen und Deine Geschichte entdecken…

Das Reguläre Frontschwein

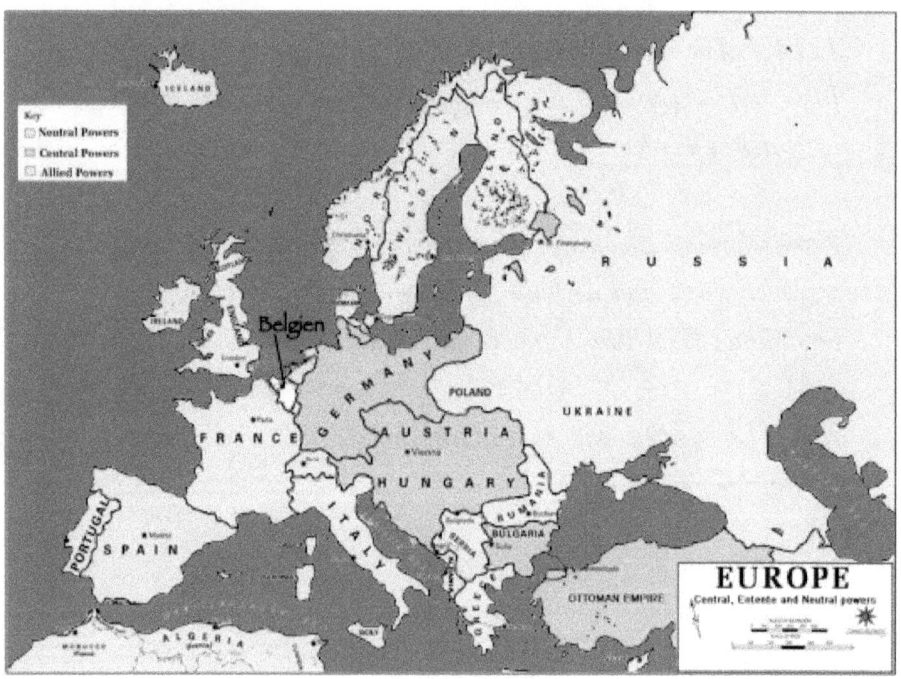

Quelle: Department of History, United States Military Academy

Belgien im Europa von 1914 (siehe Ottos Landkarte, nächste Seite)

Das Reguläre Frontschwein

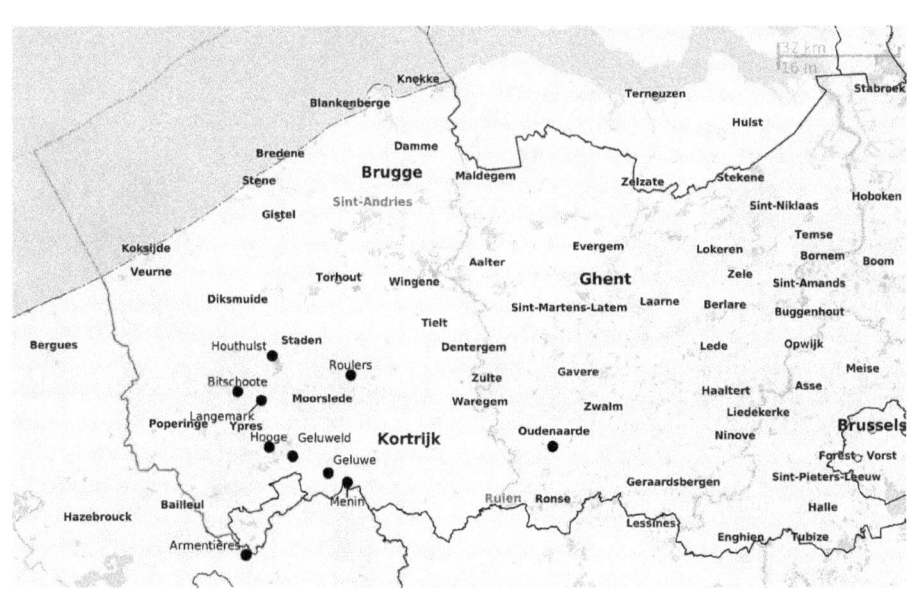

Ottos Landkarte von Belgien

Das Reguläre Frontschwein

Quelle: Stedelijke Musea, Ieper

Bei Ipern vor dem Krieg

Das Reguläre Frontschwein

Quelle: Stedelijke Musea, Ieper

28. Mai, 1914 bei Ipern

Otto Koufen in Uniform

Und So Ging's Los

Köln

Wenn jemand eine Reise tut, so kann er was erzählen.
Wieviel mehr dann noch einer, der geholfen hat, den Krieg zu verlieren. So wirft man uns wenigstens manchmal, meine ich, vor. Je nun, ich war weder Kriegsgewinnler, noch Munitionsarbeiter, noch Etappenhengst, sondern schlecht und recht ein reguläres Frontschwein. Ich habe dort immer gemacht, was verlangt wurde. Also an mir hat's nicht gelegen. Auch an den anderen nicht, die mit mir vorne waren. Schlichte Muskoten resp. (wie gerade in meinem Falle) Pioniere. Das Denken, Überlegen oder gar Kritisieren war uns genommen; aber manchmal wünschten wir nichts sehnlicher, als daß wir die mal bei uns hätten, die für uns denken sollten. Nota bene, ich war meistens, zumal im Anfang, an der Westfront. Hier lag ja der Schwerpunkt. Ich meine, unser Unglück dort war nur eine Reihe verpaßter Gelegenheiten. Aber lassen wir das und erzählen nur, wie es uns gegangen hat.

Stöcker war ein selbstherrlicher, sehr von sich eingenommener Bürochef, und wenn der Herrgott für ihn gearbeitet hätte, er hätte es ihm nicht recht machen können. Mit einem Untergebenen konnte er keinesfalls harmonieren; aber vor seinen Vorgesetzten sich vortrefflich ducken, das konnte er. Ich war froh, wenn ich diesen Despoten nicht zu sehen brauchte, wenn ich sein »Gelaber« nicht hörte. Dazu mußte es Krieg geben! Je näher die Gefahr kam, umso kleiner wurde er, und als zwei Tage vor Ausbruch die ersten »Rote Kreuzwagen« an unserem Bürofenster auf der Hauptstraße vorbeirumpelten, stieß er immer einen mächtigen Seufzer aus und sank in sich zusammen. Ich glaube, der Schweiß stand ihm auf der Stirne, als er sagte, jetzt ist der Krieg da. Er wußte wohl, daß er als Landwehrmann mit an der Spitze marschieren würde. Aber er hat's auch wieder verstanden; er wurde meines Wissens lange als unabkömmlich reklamiert, und als er sich dann gar nicht mehr halten konnte, hat er's verstanden, sich in der Etappe zu halten.
Den anderen Tag, einen Samstag, kamen hohe Wagen voll Säbel, die in unserer Fabrik geschliffen wurden. Unser höchster Chef, und

gleichzeitig auch Eigentümer in den 25 Jahren, war Kürassier-Reserveleutnant. Er ließ seine ganzen Beamten, worunter ich als Benjamin, versammeln, um Abschied zu nehmen. Ich sah ihn da stehen, wie er seinen Säbel, den er sich hatte schleifen lassen, prüfte, die Klinge bog, ein paar Hiebe durch die Luft, dann trat er auf uns zu:

»Meine Herren. Es scheint Krieg zu werden. Ich wollte mich von Ihnen verabschieden, ehe es zu spät wird. Wer von Ihnen, wie ich, ins Feld geht, erhält das halbe Gehalt von uns aus weiter für die Dauer seiner Abwesenheit. Leben Sie wohl!«

Ich glaube, er hatte Tränen in den Augen, als er sich rasch abwandte und durch eiliges Weggehen unserer Dankesbezeugungen sich enthob. Er war immer ein Mann »comme il faut« gewesen.

Als ich zur Kasse kam, mein Gehalt abholen, fragte der Kassierer: »Koufen, wie alt sind Sie? 19, nicht wahr, ich soll Ihnen für den nächsten Monat das Gehalt mit auszahlen.«

Jawohl, bei so einer Firma war ich.

Mittags ging ich zur Stadt, um meine Freunde nochmal schnell zu besuchen. Das waren ein Jurist, ein Zahntechniker und ein Theologe. Um ein Uhr trafen wir uns. Der Jurist erwog ernstliche Fluchtgedanken. Keine Spur von Begeisterung bei ihm. Er war Realist. Vor Verdun ist er als Flieger gefallen. Aber jetzt erwog er Fluchtgedanken. Nach Holland wollte er. Der Techniker, ein äußerst lebenslustiger Kerl, wollte mit ihm. Ich sagte ihnen, sie sollten sich diesen Blödsinn aus dem Kopfe schlagen. Sie kämen niemals über die Grenze, und ohne Geld da drüben wären sie vielleicht noch elender dran wie im Kriege. Ja, mit dem Geld war es schon so eine faule Sache. Es war doch der Letzte im Monat, und man wird es mir da gewiß nicht verübeln, daß mir das Kleingeld ausgegangen war. Ich hatte aber nur ganz großes Geld und bekam nicht mehr gewechselt. Gold und Silber waren jetzt schon plötzlich so rar geworden wie später in der Inflation. Ich beschloß, nochmal zu meiner Fabrikskasse zurückzugehen, um wechseln zu lassen. Der Jurist und der Techniker waren ganz verstört. Mit dem Theologen ging's.

»Bis jetzt ist der Krieg noch nicht erklärt«, sagte ich, »also bleibt's einstweilen noch beim alten. Heute ist Samstag, und da bin ich gewohnt, meinen Ausflug zu machen. Kommst du mit, Pitt?«

Pitt kam mit. Er war ungefähr meiner Ansicht. In den Straßen, wo wir schritten, gingen die Wogen der Erregung hoch. Da kam ein Knäuel herangeschoben. In der Mitte zwei altpreußische Polizisten, mit krebsroten Gesichtern, gespreiztem Schnurrbart und gebleckten Zähnen. Hielten so einen armen Teufel im Genick und stießen ihn unter dem Gejohle der Menge vorwärts.

»'Ne Spion!« heulte der Chorus dazu.

Ja, das war eine reine Manie schon geworden. Jeder, der eine besondere Visage hatte, schien verdächtig. Da sehen wir vor uns ein langgestelztes Frauenzimmer schreiten, mit Parapluie. Das Gejohle des Plebs schien sie nicht zu genieren. Ich sehe schon wie ein paar »Kölsche Klute« nach ihr sich umsehen. Dann tappt einer hinter ihr her, greift unter das Kapott-Hütchen und will ihr mit einem Ruck die Flechten vom Kopf reißen, weil er wohl annahm, es sei ein als Weib verkappter Spion. Ich glaube, er hatte noch nicht fest zugegriffen, da schreit das Frauenzimmer laut auf, schwingt ihren Parapluie und drischt auf den Jüngling los. Das zuschauende Publikum ist zuerst starr, als dann aber die wackere Dame den Angreifer mit einer Flut echt Kölnischer Schimpfworte überschüttet, brüllt alles los vor Lachen.

Also es wurde viel Mist gemacht, und es war in meinen Augen keine hehre Begeisterung, viel mehr Zügellosigkeit und Ungebundenheit. Die Gassenbuben rotteten sich zusammen und krähten im Verein:

> *»Die Serben sind alle Verbrecher*
> *ihr Herz ist ein finsteres Loch*
> *die Russen sind tausendmal schlechter*
> *aber Hiebe, aber Hiebe krieg'n sie doch«*

Wir kamen am Dom vorbei, Straßenhändler boten Fähnchen und Abzeichen in den Dreibundfarben feil. Ich kaufte mir keins, wie's doch jeder tat.

»Du Pitt, wenn das nicht einen bösen Reinfall gibt, mit dem Dreibund, ich meine gerade mit Italien! Warum hat es sich bis jetzt noch nicht für uns erklärt?«

Das sagte ich damals, und Pitt hat es mir später bestätigt, daß er sich oft nach der Kriegserklärung Italiens an uns dieser meiner Worte erinnert habe. Ich war schon früh einmal sechs Wochen in meinen Herbstferien in Italien gewesen, gezielt gerade in der Irredenta. Damals war gerade der Krieg gegen Tripolis. Ich wunderte mich s.Zt. über die geradezu kindische Begeisterung. Denn ein Ruhmesblatt war m.E. dieser Kampf um Tripolis für Italien nicht. Aber sie waren kolossal aufgebläht, und jedes Kind brüllte »Tripolis sana italiana«, so ein damaliger Schlager im Lande. Tripolis et poi Trento war damals schon lange vor der Zeit in Italien die Parole.

Ich mußte das damals schon oft anhören und fühlte, daß man mir keine freundlichen Blicke zuwarf. Als es sich dann herausstellte, daß ich kein Austracho sei, riefen sie »ah tedesch'!« und das gute Einvernehmen war hergestellt. Aber der Österreicher, der sie oft und jämmerlich verbleut unter Radetzki, den haßten sie und nur, wer den Charakter des Romanen kennt, wird auch sein Handeln verstehen. Punische Treue! Armer Michel! Also hast du wiedermal was geglaubt, was du nicht hättest glauben dürfen. Zu deinem großen Verderben! Und hieran wirst du noch oft Schaden leiden. Beim Mussolini profitierst du auch wieder daneben!

Also in Köln war zur Zeit die Werkbundausstellung, die ja abgebrochen und einstweilen den Italienern als Massenquartier angeboten wurde. Die Vorortbahnen brachten aus der weiteren Umgebung Kölns die italienischen Erdarbeiter herbei. Ich habe gesehen, daß man ihnen zujubelte, und es kam mir paradox vor.

Die Eisenbahnbrücke, über die wir zum anderen Rheinufer gelangten, war schon scharf bewacht. Man mußte schnell hinüberschreiten. Von der Brücke aus sah ich, daß auf dem rechten Rheinufer vor der Kürassier-Kaserne reges Leben herrschte. Die »Wallsäck« hießen sie immer. Sahen immer prächtig kriegerisch aus. Ich habe aber später im Felde nie gesehen, daß sie ihrem Renommee Ehre gemacht hätten. Sie waren einfach nicht zu gebrauchen, und jeder Infanterist war zehn mal mehr wert. - Bitte - ich gebe nur meine private Meinung zum Besten!

In Deutz ließ ich mir dann mein Geld kleinmachen. Dann begannen Pitt und ich unsere obligate Wochenspazierfahrt. Der lange Ritt nahm sich wunderbar aus auf dem von mir geliehenen Damenrad. Ich hatte zwei Räder, ein Herren- und ein Damenrad für den Fall, daß irgendeine Dame sonntags mit mir spazierenfahren wollte. Aber meistens war es nur Pitt. Er mit der Geige und ich mit der Guitarre. Das, was heute so im Schwung ist, die Wandervögel mit Mandoline und Guitarre, war damals noch was ganz Ungewohntes, und ich wenigstens war einer der allerersten, die es erfunden haben. Wenn daher sonst schon, so mußten wir heute an dem Tage ganz besonderes Aufsehen erregen als fahrende Sänger. Wir waren dafür froh, daß wir bald aus der Stadt kamen. Nach Bergisch Gladbach zu. Dort kehrten wir ein. Eine Drahtkommode war vorhanden, und der vielmusikalische Pitt klappte gleich den Deckel hoch, spielte und sang recht gefühlvoll zur Feier des Tages diesmal:

»Ein Grenadier auf dem Dorfplatz stand« und des weiteren »Stürmisch die Nacht, und die See geht hoch!«

Damals dudelte jeder Laierkasten jene Lieder, und auf jeder Tanzmusik tanzte man ihre Weise im Dreivierteltakt.

Auch mit dieser schönen Musik erregten wir beträchtliches Aufsehen. Sie paßte eigentlich schlecht in die Situation; denn es war jetzt, fünf Minuten vor Schluß des Friedens, eine ganz unheimliche stille Schwüle wie vor dem Ausbruch eines schweren Gewitters. Aber was kümmerte es mich? Ich ließ mich nicht aus dem Trott bringen. Was kommen mußte, kam doch, ohne mein Zutun oder ohne mein Jammern. Ich war unbekümmert, und den Pitt steckte ich an. Was hatten wir auch für Sorgen! Wir waren bis jetzt jeden Sonntag rsp. Samstag lustig losgezogen als Wanderburschen, warum auch nicht diesen Sonntag!

Aber dann wurde es doch anders! Als wir weiterrutschen wollten, sahen wir, wie plötzlich die Leute aufs Postamt zugehen, wir auch.

»Mobilmachung!«

»Ja, das ist nur die Mobilmachung, immer noch keine Kriegserklärung«, waren meine ersten Worte wieder. »Komm Pitt, wir fahren weiter.«

Doch nun legte es sich auch mir ums liebe Herz. Ich wollte und wollte nicht begreifen. Fürchterlich, mit Granaten auf Menschenmassen zu schießen. Jede kleinste Körperverletzung, ein Schimpfwort, konnte einem bisher schwere Ahndung bringen, und nun wollte man dazu übergehen, damit Massenmorden zu sanktionieren. Fürchterlich! Was für ein Gewissen muß der doch haben, der hier die Verantwortung trägt. Die Flüche Millionen Sterbender, Verwundeter und deren Angehörigen, Frauen, Mütter, Schwestern, Bräute!!! In unserem fortgeschrittenen zivilisierten Zeitalter. Der muß verruchter sein als Luzifer, so waren unsere Gedanken.

Ich habe mir immer gewünscht, jung »in Schönheit zu sterben«, und dafür war mir der Krieg gerade recht. Ich war mir bewußt, keine so wichtige Rolle in der menschlichen Gesellschaft zu spielen, so daß man auf mein Dasein gerne verzichten konnte. Also von mir aus konnte man mich totschießen, damit ich möglichst bald wieder auf einem anderen Planeten zu einem besseren Dasein wieder erstehen konnte. Mich schreckte der Krieg nicht.

Aber schrecklich, verwerflich schien er mir für die Allgemeinheit. Bis jetzt hatte ich nur beobachtet, daß er allerniedrigste Instinkte erweckte. Meine Art ist es, wenn ich mich für etwas begeistere, fest, treu und verschwiegen zu sein. Ich habe darum nie im ganzen Kriege »hurra« gebrüllt; aber ich suche meine Kameraden und den von ihnen, der mir sagen könnte, ich sei mal zurückgeblieben oder habe ihn im Stich gelassen. Für Pitt und mich war es jetzt schon abgemacht, wenn es los ginge, gingen wir zusammen. Pitt hatte eine Braut, ich keine.

Unsere Wanderlust war heute gelähmt, und wir traten den Rückzug auf die Stadt an. Je mehr wir ihr näher kamen, umso mehr erkannten wir, daß es ernst würde. In Holweide kehrte Pitt bei einem Freunde, auch ein Theologe, ein. Auch er war in unserem Alter; hatte also auch die schönsten Aussichten. Er schien deswegen aufgeräumt, ließ Wein anfahren, und wir sangen Heldenlieder.

»O Deutschland, hoch in Ehren!«

Mir wurde es warm ums liebe Herz bei diesem Lied, das mir diesmal und später immer gut gefiel. Manchmal jetzt noch, zehn Jahre nach dem verlorenen Krieg, singe ich es bei Gelegenheiten auf meinen einsamen Wanderungen im Gebirge, singe es leise und leiser, und mir würgt es im Halse. Wenn ein Mann doch auch mal heulen könnte. Bitschoote - Langemark - doch ich greife vor!

Es war dies eine schöne letzte Stunde im Freundeskreise. Mit Wehmut traten wir die Heimreise an. Es war schon dunkel. Viele Polizeiposten standen auf, und es hieß, jeder solle einen Ausweis mitführen. Pitt wohnte eingangs der Stadt. Aber ich hatte noch einen weiten Weg. Wir kommen nach Deutz, die Brücke ist gesperrt. Niemand kann über den Rhein. Viel Volk drängte sich vor der Kürassierkaserne. Es hieß, die würden jeden Moment ausrücken. Trotz des Tumultes vor der Kaserne, da drinnen schien es beinahe tot zu sein. Um so bunter das Schauspiel ringsumher. Und dann sah ich den ersten Scheinwerfer. Das gab Stimmung, trotzdem es eigentlich Spielerei war. Denn damals, glaube ich, war man mit der Fliegerei noch gar nicht so weit, daß sie schon weite Überlands- und Nachtflüge machen konnten. Während also unten in den Straßen alles fieberhaft krabbelte und rumorte, tasteten die Scheinwerfer den stillen Nachthimmel ab. Lange habe ich am Rhein auf die Mauer gelehnt und gestanden, um alles auf mich wirken zu lassen; aber kaum was gedacht. Wozu auch, jetzt wirst du totgeschossen, und dann ist alles Denken überflüssig gewesen.

Da ich nicht über den Rhein konnte, nahm mich Pitt mit auf seine Bude, im ersten Stock von oben gerechnet. Eine richtige Kutscherkammer. Zur Erläuterung: Pitt war bei seinen Verwandten »gratis« aufgenommen, und dementsprechend war auch sein Unterkommen. In dieser Nacht, die erste Kriegsnacht, sollte ich wohl schon einen Vorgeschmack vom Feldquartier kriegen. Das Bett, in das wir uns zu zwei Mann quetschten, war ein Kinderbett. Ich habe kein Auge zugetan, denn keine zehn Minuten, nachdem Pitt den Kerzenstummel gelöscht, fällt mir was ins Gesicht, auf den Hals und dann spüre ich ein Krabbeln, und schon juckt es mich an den Zehen.

»Verdammt, Pitt, züchtest du Wanzen?«

»Nö!«

Ich liege eine Minute still, dann ist es mir schon zu toll, ich springe zu Pitts Ärger raus aus der Falle, stecke eine Kerze an.

»Pitt, du hast Wanzen!«

»Nö!«

»Pitt, ich verdufte lieber!«

»Ach, mach keinen Quatsch und keinen Krach in der Nacht!«

Klagenfurter Zeitung, Nr. 151, 1. August 1914, Seite 1

Das Reguläre Frontschwein

Foto: Hermann Rex, aus Hermann Rex: Der Weltkrieg in seiner rauhen Wirklichkeit. Das Frontkämpferwerk. Oberammergau 1926. S. 6.

31. Juli 1914, 17 Uhr: Leutnant von Viebahn liest die offizielle Erklärung des Kriegszustandes in Berlin

Stimmungswirrwarr

Ich mußte bleiben als Opfer des Krieges. Diese entsetzliche Nacht; denn grade Wanzen liebe ich am allermeisten. Ich habe die letzten Stunden außer Betts auf einem Stuhle mit nur drei Beinen verbracht.

Aber sobald das erste Morgengrauen erschien, zog ich schweigend von dannen. Pitt gab mir die Adresse seiner Freundin, wo ich ihn im Bedarfsfalle immer am ersten erreichen würde. Unten nahm ich mein Rad und segelte von dannen. Unter der ersten Eisenbahnunterführung, die ich passieren mußte, stand ein Wachtmeister, den ich zufällig kannte. Eisenbahnunterführungen und alles, was zur Eisenbahn gehörte, wurde jetzt scharf bewacht. Nachdem ich zuerst scharf fixiert wurde, der Wachtmeister trug einen Karabiner unter dem Arm, wurde sein Gesicht sehr freundlich, als er mich erkannte.

Erst vor acht Tagen hatte ich ihm ein gebrauchtes Fahrrad abgekauft. Wenn ich da gedacht hätte, daß ich es gar nicht mehr benutzen sollte, würde ich es schon sein haben lassen.

Ich stieg bei meinem Wachtmeister ab. Es war fünf Uhr morgens.

»Nun, Herr Wachtmeister, mir scheint's, Sie haben sich schon für den Krieg bewaffnet. Ist das denn alles wirklich wahr?«

»Wie meinen Sie?«

»So wie ich frage, ich kann es noch immer nicht glauben.«

»Warum nicht, wieso?«

»Weil es zu furchtbar würde.«

»Es hat immer Krieg gegeben, warum soll unsere Zeit nicht auch mal das Vergnügen haben?«

»Ihnen ist es wohl nur ein persönliches Vergnügen. Sie haben ja zwölf Jahre das Handwerk gelernt. A propos, haben Sie schon einen Gestellungsbefehl?«

»Nee, wir Polizeibeamten haben schon gesagt bekommen, daß wir nicht mit ins Feld dürfen, auch nicht, wenn wir freiwillig wollten.«

»So, das ist aber meines Erachtens mächtig schade, wo ihr doch die Sache am besten verstehen müßt, weil ihr alle zwölf Jahre unter der Waffe gedient habt. Da muß ich mich wundern.«

»Wer soll denn da die Heimat schützen? Wie viel Spione allein meinen Sie, daß wir schon gefaßt haben?«

»Mit den Spionen, da glaub' ich, daß ihr da manche Gespenster seht. Aber dafür genügen auch ungediente Leute. Ich meine doch, daß man eine gute Anzahl von ihnen entbehren könnte, in ihrem Dienst für bessere Zwecke verwenden.«

Er schnitt mir jetzt das Wort ab. Es paßte ihm nicht. Schon vorher hatte er immer so begeistert vom Kriege gesprochen. Später sagte ich mir, daß er auch gewiß, wenn auch im geringsten Maße einer von den Schreiern war, die das Vaterland ganz hochleben ließen, solange es ihnen nicht selbst an den Kragen ging. Er fragte mich noch, wie alt ich sei, weil er vermutete, daß ich auch alsbald einberufen würde.

Darüber war ich übrigens nicht mehr im Zweifel. Für mich war nur die Frage, zu einer Truppe zu kommen, die mir sympathisch wäre, und das war nur die Marine. Und zur Marine wollte ich mich heute noch melden. Es hieß, daß den meisten Gestellungspflichtigen meistens gar keine Zeit zum Abschiednehmen daheim blieb. Also das wollte ich nur noch vorher besorgen und ging zur Rheinuferbahn. Für die Strecke, die man sonst in einer Dreiviertelstunde zurücklegte, brauchte man jetzt zwei Stunden. Auf halber Strecke wurde unser Zugführer aus dem Dienst geholt - Gestellungsbefehl - die Bahn war überfüllt, weil mit der Staatsbahn fast gar kein Fortkommen mehr war.

Aber endlich kam ich doch zu Hause an. Meine Mutter, die praktische, sonst wenig sentimentale Frau aus der Eifel, sah ich zum ersten Mal im Leben erschüttert. Wir waren doch vier Jungens und alle gerade im richtigen Alter. Mein älterer Bruder war schon zwei Tage fort nach Wilhelmshaven als gedienter Marinesoldat.

Meine Mutter führte ein Geschäft, und wir waren mit vielen Leuten bekannt. Meine Tante, die stets mit meiner Mutter zusammen war, hatte sieben Jungens. Zwei davon waren auch schon fort, und die anderen warteten zu Hause. Wir waren so wie eine ganze Klicke nachher im Gasthaus beisammen. Auch der plattfüßige, kurze Lehrer Hillhaus. Von der Schule aus kannte ich ihn als keine große Leuchte. Dafür besaß er umso mehr Fleiß und Strebertum. Auch sein Sprüchelchen vom Vaterland hatte er gut auswendig gelernt. Was er jetzt zum Besten gab, war genau das, was er von amts - und berufswegen auswendig gelernt hatte.

»Mein lieber Hillhaus, es wird uns schwer werden, diesen Krieg zu gewinnen!«

Hillhaus sprach immer mit grob aufgeblasenen Backen, ungefähr, als ob er während des Sprechens gerade den letzten Bissen in die Backen geschoben hätte. Während ich zu ihm sprach, wandte ich vorsichtshalber mein Gesicht halb links. Die Vorsicht war angebracht.

»Was (sch)! (er sprach das s meistens wie sch) meinst du, der Kaiser wüßte nicht, was er täte. Paß mal auf, wie's bald kommt. Der Deutsche hat, vereint, noch immer das Größte geleistet!«

»Ich meine nur, es wird uns sehr schwer fallen. Und wenn wir erst England zum Feinde haben, dann ist unsere Sache futsch! England hat noch nie einen Krieg verloren!«

Das war zuviel. Es gab einen großen Krach, und da mir ein solcher, wenn gar mit Schimpfworten, stets zuwider ist, entfernte ich mich, mit höhnischen Worten verabschiedet.

Ich wiederhole immer wieder, es war alles nur meine persönliche Auffassung, die ich mir meistens aus eigener Anschauung erworben hatte. Seit meinem zwölften Lebensjahre war ich ständig in der Fremde gewesen, habe immer jeden Pfennig gespart und gebettelt für Reisen.

Foto: Unbekannt, Attribution: Bundesarchiv, Bild 183-R19231 / CC-BY-SA

Mobilmachung in Berlin

Das Reguläre Frontschwein

Foto: Unbekannt, Attribution: Bundesarchiv, Bild 183-S32538 / CC-BY-SA

August 1914 in Berlin

Engländer, Franzosen, Italiener, Schweizer, Österreicher...

Ich war in Holland, England, Frankreich, in der Schweiz, Italien und Österreich gewesen, und da meine Mittel immer sehr beschränkt waren, war ich gezwungen, mich stets in einfachen Verhältnissen zu bewegen. So hatte ich immer Gelegenheit, jeweilig mit dem Volk zusammenzukommen und seine Gesinnung zu erforschen. Und ich hatte nirgendwo, als vielleicht nur in Italien, Freundschaft für die Deutschen gefunden.

In Venlo stand ich mal an der Maasmauer, und unten im Grase spielten holländische Husaren Karten. Schlampige Kerls. Aber der schwarze Peter war bei ihnen der deutsche Kaiser, über den sie sich in Ausdrücken ergingen, für die sie jenseits der schwarzweißen Pfähle »lebenslänglich« bekommen hätten. In der Provinz Limburg wenigstens war man nicht gut auf die Deutschen zu sprechen.

In England wäre ich beinahe einmal eingesteckt worden, und nur eiligste Flucht hat mich davor bewahrt. Ich glaube, es war im Hyde Park, so eine Art Vorort von London. Ich wollte nur schnell Englisch lernen, das ich schriftlich schon ziemlich beherrschte. Daheim brauchte es ja niemand zu wissen, wie ich mich in der Fremde durchschlug. Kurz und gut, ich fungierte als Kellner, was ja nicht allzu schwer war, da ich ja im Gasthof aufgewachsen war. Mit dem Küchenchef, ein Marinekoch a.D., hatte ich es gleich verdorben, da ihm per Zufall eine Photographie meines Bruders als Marinesoldat zu Gesicht kam. Einen so blödsinnigen, geistlosen Haß, wie bei diesem Menschen, habe ich kaum irgendwo wieder beobachtet. Ich entsinne mich, er rief mich nur »Fritz«, genau wie später jeder deutsche Kriegsgefangene von den Engländern genannt wurde. Als ich mal aus der Küche ein Tablett mit Spiegeleiern abholte, stieß mich der Chef wie unabsichtlich mit dem Ellenbogen, so daß die ganze Bescherung auf den Boden fiel. Und fing der Lump an zu toben! Ich sah ihn nur fest an und fragte ihn, ob er sich selbst meine. Wie ich mich nun bücke, um die Bescherung wegzumachen, gewahre ich, wie mein Küchenchef mit einer Pfanne zum Schlag auf meinen Kopf aushält. Ich wende mich, blitzschnell stoß ich ihm meine Fäuste vor den Bauch. Aber er war ein stämmiger Kerl, dem ich mit meinen achtzehn Jahren schwerlich gewachsen war. Er legt mir die Pranken um den Hals und hätte mich vielleicht erwürgt, als ich in meiner letzten Not ihm beide Daumen in die Augen stoße. Er tat einen furchtbaren Schrei und ließ los. Ich trat ihn noch vor den Bauch. Dann sprang ich, wie ich war, an denen, die auf den Schrei herbeiliefen, vorbei, durch den Saal, die große Treppe hinunter auf die Straße, springe auf einen zufällig vorbeifahrenden Autocar, steige an jeder Straßenkreuzung um und bin verschwunden. So kannte ich die Engländer. Niemals freundlich gegen einen Deutschen. Ich entsinne mich ganz genau, als ich bei Hattons am Strande lag, wie man über jeden Deutschen, der auf der Promenade vorbeischritt, seine Glossen machte. Man erkennt ihn immer an seiner Kleidung.

Ich bin sicher, bei Hoch und Niedrig wurde die Kriegspsychose schon jahrelang vorbereitet. Systematisch, verbissen, zäh, wie nur der Engländer eine Sache betreibt. Solchermaßen war die Idee, die ich vom Engländer gewann, vom ersten bis zum letzten Augenblick meines Verweilens dort. Schon am allerersten Tage, als ich durch London schlenderte, vor dem Nelsondenkmal stand und empor sah, als da so ein Individuum von Engländer, von einer Sorte, wie man sie auch in allen Ländern hat, Pflastertreter oder Eckensteher, auf mich zu tritt. Die Hand zum Himmel hebt und auf die Trafalgarsäule weist. Von seinem Pathos verstehe ich kein Wort:

»I can't understand you.«

»Ah, bloody German!«

Und ausspuckend wendete er mir faul den Rücken.

Thiebes, der Philologe, ein Genie, der auch studienhalber in England war, bestätigte mir ganz genau meine Eindrücke. Ich glaube, er war z.Zt. drüben, als wir die Algeciras Affäre hatten und konnte zu diesem Zeitpunkte viel bessere Momente erfassen als ich. Auch er vertrat fest die Ansicht, daß England einen Krieg gegen Deutschland nicht zu fürchten brauchte, zumal es Deutschland gegenüber unerschöpfliche Hilfsquellen hatte. Darum singt es sein »Rule Brittanina« mehr aus Selbstbewußtsein und Überzeugung als wir Deutsche unser »Deutschland über alles« aus Begeisterung und mit dem frommen Wunsche.

Vielleicht versteht man, daß ich mich zur Marine meldete.

Anders, habe ich in Frankreich einen offen zur Schau getragenen Deutschenhaß wie in England nicht konstatiert. Höchstens, wie anderswo auch, in den Grenzgebieten. Ich war viel in der Lyoner Gegend. Man war stets sehr höflich zu mir, und wenn mal das Gespräch auf Politik kam, zeigte man sich sehr zurückhaltend. Frankreich stellten die Franzosen stets über alles. Sie offenbarten eine allmächtige Liebe zum Vaterlande. Ein junger französischer Kürassier, der mit mir von Aix les baines nach Nodane fuhr, en grande benne, in prächtiger Uniform und Helm mit Roßschweif, fragte mich, als er von mir hörte, daß ich Deutscher sei, wie alt ich sei. Und als ich ihm sagte, daß ich in zwei Jahren vielleicht Soldat sei, meinte er, dann könnten wir uns ja noch in einem Kriege begegnen. Wir schieden nach mehrstündiger Fahrt als gute Freunde.

Ich muß sagen, die Franzosen mieden bei mir eine politische Unterhaltung, und wenn doch die Rede davon war, dann stellte ich immer fest, sie schwiegen davon, des das Herz voll war. Ich nenne die französische Vaterlandsliebe eine ideale im Gegensatz zur englischen.

Kam ich nach Italien, trübten sich die Blicke vor Wut, wenn ich deutsch sprach, und erleichtert riefen sie »Ah tedesch'!«, wenn ich ihnen dartat, daß ich kein austriacho war.

Des Italieners Liebe zum Deutschen war meinen Erfahrungen nach größer als wie die der Österreicher, ich meine, meinen persönlichen Erfahrungen nach vor dem Kriege.

Der Österreicher hatte uns Sadowa noch nicht vergessen. Ich versprach mir nicht viel von ihm als Bundesgenossen. Der Österreicher, zumal der Wiener, ist als Soldat viel zu weich. Den Tirolern und Kärntnern möchte ich mit diesen Worten kein Unrecht tun. Aber dieser Bruchteil konnte das Ganze nicht retten.

Also, das waren meine Meditationen aufgrund persönlicher Eindrücke und diese nun zum Besten zu geben, konnte mir, wie an diesem Tage, Unheil einbringen. Es bleibt aber dabei, ich war von vornherein vom Erfolg unserer Sache wenig überzeugt. Es kam gar nicht drauf an, wie ich mich zu ihr einstellte, und doch soll es hier auch gesagt sein.

Bismarck hatte sich im Rheinland nicht beliebt gemacht. Meine Mutter erzählte, daß man in B. sein Denkmal mal ganz mit Sch..ße übergossen habe. Wie in Elsaß-Lothringen, so soll Berlin auch im Rheinland viel und schwer gesündigt haben.

Wir Rheinländer sind eigentlich ein glückliches Völkchen. Unser Haß, wie unsere Liebe, sind niemals tragisch zu nehmen. Wir leben gerne dem Augenblick, sind gerne froh und trinken den Wein. Im Landschaftsbild ist der Volkscharakter wiedergegeben. Uns ist der Berliner zu trocken. Sein Getue zu rechthaberisch. Hinter Berlin gar fängt für uns Polen an. Wir haben zwar viele Beamte bei uns aufnehmen müssen, deren Namen auf ein ky, ki, seitsch oder ow endet, also slawisches Blut. Es ist bei uns, besser wie anderswo, absorbiert worden, ohne nachteilige Folgen zu hinterlassen. Nur die Tendenz, die damit getrieben wurde, hinterließ böses Blut. München könnte uns jedenfalls besser regieren als Berlin, zu dem wir wenig Liebe hatten.

So ähnlich sprach ich auch mit Karl Schulz, als wir den Nachmittag auf den Kreuzberg stiegen und von da weit unsere Heimat übersahen.

»Sieh Karl«, sagte ich zu ihm, »ich wüßte nicht, wozu ich den Russen totschießen soll, daß wir noch ein Stück Polen dazu kriegen! Unser Geld dort vergeuden. Ich liebe eigentlich Preußen so wenig wie Frankreich. Und was geht mich der Kaiser an? Er ist doch auch nur ein Preuße. Hier vor mir, das ist mein Vaterland, und das liebe ich, und mit tausend Freuden will ich mit anderen hier auf den Bergen Wacht halten und mein Leben lassen, ehe ein böser Feind von ihm Besitz ergreift.«

Mit einem bösen Blick sah mich Schulz von unten nach oben an. Ach, ich hatte ja vergessen, daß sein Vater auch von Pommern oder Ostpreußen als Beamter zu uns versetzt worden war. Der hat es mir nie vergessen und war mehr erstaunt als erfreut, als ich ihm nach der Somme mich als Staatskrüppel mit einer Brust voll Heldenzeichen präsentierte.

Man nahm also überall Anstoß an mir, und ich entschloß mich, mich um mich selbst zu kehren.

Elise und Butterbrote

Aber nun kam der letzte Abend zu Hause, und ich erfand einen Abschied, in dem ich mit Patz musizierend von einem Haus zum anderen zog. Er spielte Geige und ich Guitarre mit Harmonika. Patz hatte so viele Freundinnen, denen er alle Lebewohl sagte oder sang. Ja, wir bekamen überall eingeschenkt und genierten uns auch nicht, das dargebotene Taschengeld in Empfang zu nehmen. Wir bekamen beide genug. Alles war so rührselig. Bei meiner Mutter taten wir unser Bestes. Es war keine traurige Stimmung. Erst den anderen Morgen, als ich wortlos ein kleines Paket schnürte und der Mutter mit schnellem Kuß und Händedruck Valet sagen wollte, hätte ich beinahe die Haltung verloren. Ich war schon 100 Meter vom Hause weg, da rief sie mit ihrer müden, gebrochenen, ach so lieben Stimme mich nochmal zurück. Sie hielt ein Palmwedel mit Weihwasser in den Händen. Ich stürzte ihr zu Füßen. Sie besprengte mich mit Weihwasser, hob ihre Hände über mich und murmelte feierliche Segenswünsche. Ich hing an ihrem Halse und küßte ihr die Tränen aus den alten, lieben Augen.

Wir waren zu sieben Kindern. Meine Mutter hatte sich tapfer mit uns durchgeschlagen, da sie früh Witwe geworden war. Es war ihr nicht leicht, besonders mit ihren Buben, und ich war der Schlimmste gewesen, und trotzdem, ich soll ihr Liebling gewesen sein. Ach, ich konnte nie, auch vor meiner Mutter kaum, meine Gesinnung zeigen, ihr zu schreien, wie furchtbar gerade jetzt ihr stiller Jammer mir das Herz zerriß. Ich biß mir die Lippen wund:

»Behüt dich Gott, Mamma!« und mit einer Rechtswendung, als wenn ich schon Rekrut wäre, stürze ich davon, eile, daß ich an den Berg komme, wo mein Vater am Abhang begraben liegt und dort, weil ich alleine war, klappe ich zusammen und heule fürchterlich.

Aber an der Grabesstille kam ich am schnellsten wieder zu mir. Ich dachte darüber nach, wie mein Vater oft gesagt, daß seine Buben mal Soldat würden. Ich wollte als solcher so sein, daß ich ihm keine Schande machte.

So nun schritt ich entschlossen den Dingen entgegen, die da kommen sollten. Wieder nach Köln zu Pitter. Pitter kam mit zur Krebsgasse, wo wir einen Ausweis nach Wilhelmshaven zur Marine bekamen. Es ging alles gut. Bis zur Abfahrt nachmittags um vier Uhr. Der lange Pitt mit seinem kleinen dicken Kätchen, wir zogen zum Bahnhof. Auf einmal, an der Sperre, bleibt Pitt stehen, kuckt mich mit unsicheren Augen an, Kätchen schielt abseits.

»Na, mach's kurz!« sage ich. Keiner rührt sich.

»Nimm sie mit auf den Bahnsteig, aber eilen müssen wir uns jetzt.«

Die beiden rühren sich nicht. Da streckt Pitt zögernd die Hand zum Abschied vor. Mit Ekel, übergroßem Ekel, spucke ich vor ihm aus:

»Hundsfott!« und fort war ich die Treppe hinauf.

Wie hatte er noch am Abend vorher bramasiert und gesungen und Heldenreden geschwungen. Er hat sich meisterhaft durch den Krieg gedrückt. Sein Kättche hat ihm dabei redlich geholfen und sich was kosten lassen und ist doch schmählich sitzen geblieben; so daß sie heute über ihn urteilt, wie ich vor zehn Jahren.

Gehen wir weiter. Oben auf dem Bahnsteig großes Gedränge. Militär, resp. solche, die wie ich es noch werden wollten, werden bevorzugt befördert. Zug um Zug rollte durch, meistens alles Güterwagen, nach dem Westen zu. Und ich wollte doch nach dem Norden. Zwei Stunden wartete ich schon. Endlich gerate ich in einen Zug, der einstweilen wenigstens bis Neuß fuhr. 5. Klasse, d.h. Viehwagen. Gott sei Dank konnte ich an der Türe bleiben. Ich setzte mich bald und ließ die Füße rausbaumeln. Da durfte man alles sehen. Auch sonst fielen manche Schranken weg.

Meine vis-à-vis Seite war eine junge Dame. Ich war bisher immer schüchtern gewesen, oder ich war, meiner Erziehung gemäß, nicht gewohnt, jedes Mädchen anzuquasseln. Aber heute, wir waren gleich in der Unterhaltung, und es wäre kein Wunder gewesen, wenn wir gleich per »Du« gewesen wären. Sie wollte, wie ich auch, nach Wilhelmshaven als Rotekreuz-Schwester - Schwester Elise. Also, wie gesagt, wenn ich bisher wenig oder noch gar keinen Umgang mit Damen gehabt hatte, so kam doch die Unterhaltung sehr in Fluß, und wir kamen nach dreistündiger Fahrt, für die in normalen Zeiten ein Zug eine Stunde nötig gehabt hätte, in Neuß an. In Neuß hieß es wieder eine neue Fahrtmöglichkeit nach Wilhelmshaven ausfindig zu machen.

Ich war bereits zum Kavalier und Beschützer meiner Dame avanciert und machte in verhältnismäßig kurzer Zeit eine Fahrtmöglichkeit aus, die bis Düsseldorf ging. Im ganzen waren wir von Köln bis Düsseldorf an fünf Stunden unterwegs. Wenn das so weitergeht, dachte ich, kommen wir schließlich in Wilhelmshaven an, wenn der Krieg glücklich aus ist. In Düsseldorf spürte ich schon ein lächerliches Gefühl im Magen. Aber wozu mühten sich denn die Damen vom Roten Kreuz und vom Vaterländischen Frauenverein mit Waschkörben voll Butterbroten ab? Sie gaben jedem gerne ohne Entgelt, soviel man haben wollte. Man brauchte, wenn man, wie ich, nicht anspruchsvoll und verwöhnt war, wirklich kein Zehrgeld. Kaffee, Kuchen, Butterbrote, Cigaretten und Schokolade gab es auf jedem Bahnhof reichlich »gratis et frustal« Von Düsseldorf erwischten wir gar einen Personenzug, der durchging bis Hagen. Aber in welchem Tempo! Spät nach Mitternacht erst langten wir in Hagen an. Auf jedem Bahnhof hielten wir lange. Je näher wir dem Industriegebiet kamen, umso toller war die Begeisterung. Nein, Begeisterung ist nicht das Richtige, was ich meine, den Krieg hörte man nicht preisen, aber seine Krieger.

Ich habe immer für den Menschenschlag dort an der Ruhr und Wupper viel übrig gehabt. Man sagt was vom westfälischen Dickkopf. Nun ja, sie halten »Pahl«, wie wir zu Hause sagen. Ich habe sie aber immer in meinem ganzen Leben, und speziell in diesem »gottverdammten« Krieg, als prachtvolle Menschen kennengelernt. Vor allen Dingen, wenn sie auch nicht so viele Worte dazu machen, sie helfen ihrem Mitmenschen gerne und kräftig. Ohne viel Tuten und Blasen! Auf der Fahrt nach Wilhelmshaven haben wir im Ruhrgebiet die besten und meisten Liebesgaben bekommen und bald später, im Schützengraben, habe ich mit Wehmut des Überflusses an Cigaretten, Schokolade etc. gedacht.

Meine Begleiterin stammte aus der Dortmunder Gegend, sie reichte mir mehr herbei, als ich gerne mochte. Erst gegen Mitternacht zu ließ dieser Betrieb nach, und zuletzt war ich mit einem Landsmann, der auch zur Marine fuhr, und meiner Dame allein im Abteil. Mein Landsmann schnarchte à tempo. Elise lehnte am Fenster ins Eck, und ich stand und starrte in die stampfende, zuckende, brennende Nacht. Dann fühlte ich meine Hand ergriffen, gedrückt und leise gezogen, und ich gab nach und sank neben sie, und sie, nicht ich sie, küßte mich rund um ab.

Ich war 19 Jahre alt, das ewig Weibliche war mir noch schleierhaft. Hier ward es mir zum allerersten Male ein wenig entschleiert. Ich stürzte in einen Taumel der Gefühle, und es war eine sinnlose Küsserei und wer weiß, was es noch alles gegeben hätte, wenn wir allein gewesen wären, und wenn wir nicht schließlich in Hagen gelandet wären.

Wir mußten einige Stunden warten und verbrachten diese in einer lichtlosen Wartehalle, dicht aneinander gepreßt, auf einer Bank zusammenliegend. Elise schlief wohl. Ich aber nicht, mir klopfte das Herz bis zum Halse. An einer Abstellung meiner Beschwerden war ja bei meiner moralischen Einstellung nicht zu denken, und sie hätte mich bestimmt nicht abgewiesen.

Schließlich waren auch diese Stunden um, und wir konnten gegen vier Uhr morgens in einen bequemen Zug, zweite Klasse sogar, nach Dortmund steigen, um gleich meine Leiden fortzusetzten. In Dortmund wurden wir ziemlich unsanft ins Dasein zurückgerufen durch den Schaffner, der uns wirsch aussteigen hieß. Der gute Mann war vielleicht ärgerlich, daß er uns so ganz ungeschoren gelassen hatte und ach, wir waren doch so harmlos gewesen.

Jetzt ging's mit dem Fortkommen schon besser. Wir erwischten einen Zug nach Hamm. Alsbald nach Abfahrt kündigte mir meine Begleiterin an, daß sie bald aussteigen werde, weil sie doch nochmal erst nach Hause wollte. In einer komischen Verwirrung blickte ich ihr nach, als sie ausstieg. Was dachte sie von dem, der die reife, beste Frucht nicht pflückte?

Mir aber wurde jetzt gleich 20 % besser, und ich kam wieder in die Wirklichkeit zurück. Die mir eingeimpfte Moral hatte mich eine schwere Klippe glücklich oder unglücklich umsegeln lassen. Was durften auch einem angehenden Schlachtenhelden Weibergeschichten frommen? Schwamm drüber ist immer nach solchen dunklen Augenblicken meine Parole gewesen. Und ich kann so gut etwas verschmerzen. Ich trage nicht schwer daran. Mit freiem Mut strebte ich jetzt wieder weiter.

Elise und Butterbrote

Foto: Unbekannt

1914 Auf an die Front: »Wir sind bald wieder zurück!«

Das Reguläre Frontschwein

Foto: Unbekannt, Quelle: United States Library of Congress, ID ggbain.

August 1914: Deutsche in Belgien auf dem Weg zur Front

Wilhelmshaven

An der Nordsee

Ich habe in meinem Leben nie große Pläne gemacht, wenn ich reisen wollte. Meine Sache war stets auf nichts gestellt. So kam es wohl, daß ich ein bissel aus der Fahrtrichtung geriet. Auch muß man bedenken, daß auf den Hauptstrecken hinter Hamm die Gleise wieder furchtbar verstopft waren. Es war ein elendes Fortkommen. Schließlich mußte ich gar ein Stück wieder zurückfahren, um Anschluß nach Wilhelmshaven zu gewinnen. Auf der überfüllten Strecke waren in der Nacht zwei Züge verunglückt, wobei es viele Tote und Gequetschte gegeben hat.

Im Zuge wurde mit einem geheimnisvollen Gruseln davon erzählt. Ich meine, da schon festgestellt zu haben, daß unangenehme Neuigkeiten möglichst geheim gehalten werden sollten.

In dem Zuge saßen auch zwei Japse drin. Ich habe nie für diese schlitzäugigen Gelbgesichter viel übrig gehabt. Wenn ich aber einflechten darf, während des russisch-japanischen Krieges spielte ich oft mit meinem zwei Jahre älteren Bruder Krieg. Er spielte immer gern den siegreichen Japaner, mußte aber nichtsdestoweniger von dem ergrimmten Russen stets seine Keile hinnehmen. Ich habe damals mit Rußland gelitten, als wenn es meine eigenen Landsleute wären. Für mein jugendliches politisches Begreifen konnte uns immer nur aus einem Zusammengehen mit Rußland Heil erblühen.

Daß es in diesem Kriege gleich anders kam, war für mich ein böses Omen. Indes, was diese ekelhaften Japsen leisteten, konnten wir Deutsche immerhin doppelt so gut. Mir tat es nur leid, daß in diesem Zuge die Deutschen mit den Japsen so scharwenzelten. Ja, als einer von den gelben Brüdern in seinem gebrochenen Deutsch explizierte, seine Landsleute würden den russischen Bären auch ein bißchen hinten in den Schwanz kneifen, ernteten die geistreichen Japanesen viele freundliche, dankbare Blicke. Oh, ihr Schöpfe, wie glaubt ihr immer so schnell und gern, das, was ihr glauben möchtet! Ich konnte mir nur nicht erklären, wieso diese freundschaftlichen Japaner, die angeblich in Berlin dem Studium obgelegen hatten, es nun so eilig hatten, aus Deutschland herauszukommen. Hatten sie nicht vielleicht schon irgendeine geheime Anweisung von ihrer

Regierung, und der deutsche Michel blieb ahnungslos, trotz dieser beinahe verdächtigen Flucht. Später, als Tsingtau akut wurde, wünschte ich nichts sehnlicher als dort dabei zu sein. Der Deutsche sollte diesmal etwas mehr auf gefühlsmäßige Politik gegeben haben.

Foto: Unbekannt, Attribution: Bundesarchiv, Bild 137-003362 / CC-BY-SA

Prinz Heinrich Straße, Tsingtau, China ca. 1914

Idyllisch wurde die Fahrt durchs Oldenburger Ländchen. Zu jedem Zug, der einlief, spielte da auf irgendeinem kleinen Bahnhof ein kleines Blasorchester, und man sagte uns, daß diese wackeren Leute seit der Mobilmachung noch keinen Zug versäumt hätten. Da brachten brave Bauernmädels in ihrer kleidsamen Tracht ganze Waschkörbe voll hier an den Zug, und jeder Kuli bekam von ihnen einen herzhaften Kuß zum Abschied. Das hatte mir bis jetzt entschieden am besten gefallen.

Nichtsdestoweniger wurde ich recht schläfrig, da ich auch die vorhergehende Nacht kein Auge zugetan. Bald schlug ich mit dem Kopf ans Fenster, dann wieder dem Vis-à-Vis gegen die Knie, bis es mir zu bunt wurde, und zum Gaudium und zur Verwunderung meiner Fahrtgenossen, schwang ich mich jubelnd in die Höhe und streckte mich ins Gepäcknetz.

Und so legte ich die letzte Etappe fest schlafend zurück, und ein Schaffner, der in Wilhelmshaven die Abteile nach vielleicht liegengebliebenen Sachen absuchte, fand mich zu seiner und meiner eigenen Verwunderung frühmorgens im Bahnhof Wilhelmshavens im Gepäcknetz des Zuges. Seiner freundlichen Aufforderung kam ich gerne nach und besann mich nicht lange.

Im Sportanzug und Panama betrat ich die Stadt unserer herrlich viel besungenen Marine. Das sah damals noch ein bissel fremdländisch, etwas englisch aus und erregte in dieser Stadt gerade, wo man überall englische Spione witterte, schnell Aufmerksamkeit. Ein Marineunteroffizier steuerte bald auf mich los und nahm mich ins Schlepptau. Nach seinem »quis, quid, ubi« - war er aber schnell beruhigt, und es war gar einer aus der Heimat, so daß er gleich beschloß, mich ins Kielwasser zu nehmen. Ich hatte ihm mein Anliegen ja schnell vorgetragen, und er eröffnete mir ebenso schnell, daß gar keine Aussichten bestünden, da Wilhelmshaven kaum seine Reservisten alle unterbringen könne, und schon 40000 Freiwillige zu viel hier herumliefen.

Einen Retourfahrschein könne ich daher sehr schnell erlangen. Es seien aber nur bestimmte Züge und nur mit der Eisenbahn, die übrigens streng kontrolliert werde, sei noch ein Hinauskommen möglich. Ich solle am besten die erste Möglichkeit benutzen, da man mich doch nicht brauchen könne und solle daheim in Frieden den Krieg vergessen; denn ehe ich unter den besten Umständen ein brauchbarer Soldat geworden sei, brauche man mich gar nicht mehr; denn der Krieg sei längst zu Ende.

So plauderten wir, und ich hatte ein wenig Verdruß wegen dieser Aussichten. Mein Cicerone wollte mich ein wenig entschädigen und mir einiges von Wilhelmshaven zeigen. Wir strichen da auch an den Forts vorbei, in denen Seesoldaten liegen sollten, und mit Gruseln hörte ich, daß man dort hinter den Wällen heute und gestern morgen schon einige Spione standrechtlich erschossen haben sollte. Auf unserem weiteren Gang kamen wir schließlich an die Hafenanlagen. Es waren lauter kleine Kästen. Die großen Schiffe der Geschwader sollen draußen liegen, und es würde mir kaum gelingen, diese zu Gesicht zu bekommen, sagte mir mein Führer. Nota bene, er war so einer, der im Stabsgebäude zu tun hatte. Ich fragte ihn also, ob er gar keine Möglichkeit wisse, wo ich unterschlupfen könne. Da sagte er mir, er wolle sehen, was sich tun lasse, und ich solle hier am Hafen eine Stunde oder zwei verweilen. Es war zehn Uhr morgens, und spätestens um zwölf Uhr wollte er wieder bei mir sein.

In der Zwischenzeit hatte ich Muse, das Bild vor mir auf dem Wasser zu betrachten. Das war ein Gewimmel, ein Durcheinander, daß es mir heute nicht mehr möglich ist, eine Einzelerinnerung rauszuschälen. Nur, daß fieberhaft geschafft wurde, das sah ich allgemein und mußte auch feststellen, daß eine gewisse fröhliche Kriegsstimmung herrschte. Hier ging alles zielbewußt. Immer schälten sich die zusammengehörenden Mannschaften mit einem bestimmten Ziel vor Augen aus dem Menschenknäuel heraus und schritten an ihren Arbeitsplatz oder gingen auf ihr Boot. Viele, oder die Mehrzahl, waren eigentlich Zivilisten, die sich da betätigten. Sie wurden aber auch stramm befehligt, militärisch kurz, und gerade so gehorchten sie auch. Ich ließ mir sagen, dies seien Eingezogene, die schon unter Militärgesetz stünden, für die man nur keine Uniformen mehr habe. Oh, du armes Deutschland!

Meinen Betrachtungen entriß mich die Rückkehr meines Lotsen. Er hatte was für mich. Ich ging mit ihm in eine Schule, wo man mir kurz bedeutete, ich könne mitwirken. Morgen früh um sechs Uhr habe ich anzutreten. Verpflegung und Unterkunft fände ich hier in der Schule. Das war alles. Man hatte entweder nicht viel Zeit oder wenig Interesse an dem Jüngelchen. Von meiner Kriegsbegeisterung wurde hier zum ersten Mal nicht viel Aufsehens gemacht.

Also bis morgen früh war ich nochmal mein eigener Herr. Diese Zeit nutzte ich noch aus, um Studien zu machen. Ich schlenderte durch die Stadt. Da kam ich auch an einzelnen Kasernen vorbei, Torpedo-Divisionen.

Soviel ich begriffen hatte, sollte ich zur Werftdivision kommen. Was war ich dann! Höchstens Hafenarbeiter als Kuli. Mit einem solchen Los war ich keinesfalls zufrieden, und ich wollte versuchen, mein Fortune zu korrigieren. Auf einem Kasernenhof war die ganze Mannschaft zum Appell versammelt, »Torpedo-Division« las ich. Hah, das waren die schneidigen Dinger, die messerscharf am Heck oder am Bug des feindlichen Schiffes vorbeifahren konnten in sausender Fahrt, so daß die Wogen von beiden Seiten über ihnen zusammenschlugen. Ich überlegte nicht lange.

Der Posten war zwar ein Umstandskrämer; aber schließlich ließ er mich grinsend passieren. Auf dem Hof standen vielleicht 1000 oder 2000 Mann im Karree aufgestellt. Geraden, festen, behenden Schrittes steuerte ich aufs Zentrum los. Da standen verschiedene, verflucht noble Herren. Und wenn's Tirpitz selbst gewesen wäre, ich hätte nicht zurückgeschreckt.

Wohl tausend Blicke hatten mein Hervortreten gemerkt. Ich blieb aber unbeirrt, und nachdem ich in Reichweite des hohen Kommandos gelangt war, schwenkte ich elegant meinen Panama und meldete mich frisch frei zur Torpedo-Division. Einer mit einem Notizbuch schien zuerst nichts Gutes sagen zu wollen, aber ein anderer, rotblonder mit wetterverbräuntem Gesicht und einem Gebiß, herrlich, ganz so wie ich mir so'n Kapitän ausgemalt hatte, nahm sich meiner an. Er war noch nicht so alt. Als ich in seine blanken, blauen Augen sah, fuhr es mir blitzschnell durch den Sinn:

»Mit so einem, unter seiner Führung, an seiner Seite, da fahr ich mit zum Teufel in die Hölle.«

Er schien gerade so schnell in meinen Augen meine Gedanken gelesen zu haben und blickte mich freundlich gütig an.

»Ja, mein Sohn, alles was du hier siehst, wird heute nacht noch verfrachtet. Hier kannst du nicht mitkommen.«

Er sagte mir noch kurz, was ich eigentlich schon ein paarmal an diesem Tag hätte hören müssen, die Marine habe für diesen Krieg allein an gedienten Leuten genug. Da ich aber endlich mal, wie mir schien, doch einen Kapitän sprechen durfte, wollte ich mit allen Möglichkeiten laborieren, um irgendeine Chance zu erhaschen. Es ging mir so ziemlich daneben. Ich sagte ihm noch, daß ich als Abiturient nunmehr, doch ohne besondere Kosten, doch auch die Offizierslaufbahn hoffe betreten zu können. Ja, dazu meinte er, hätte ich das Ingenieurfach verstehen müssen.

Das sah ich ein, daß alles Essig sei für mich in Wilhelmshaven und kein Heil erblühen werde. Ich bedankte mich bei diesem liebenswürdigen blauen Herrn und verließ ziemlich melancholisch gestimmt diese Kaserne.

An der nächsten Ecke segelte mich ein Matrose per Rad in voller Fahrt mitschiffs um. Ich lag auf dem Pflaster, und nicht weit davon dieses Rindvieh mit seinem total zertrümmerten Rad. Letzteres befriedigte mich ganz besonders. Dieser radelnde Matrose war gleich wieder auf den Beinen und fing an, in einem ganz unverständlichen Hamburger Dialekt fürchterlich über mich, der ich mich mühsam aus dem Erdenstaub hochräkelte, zu krakeelen. Und da sah ich, wie dieser Kapitän, den ich noch 'ne Minute vorher im Kasernenhof gesprochen hatte, diesem Kuli derartig übers Maul fährt, daß er schleunigst sein Fahrzeug auf die Schulter lädt und lautlos abdreht.

Wie gesagt, ich war in der vollen Breitseite gerammt. Mein schöner, chiquer Anzug zerrissen, mein Panama in der Gosse, ja, und ich selbst, ich hätte mich am liebsten wieder fallen lassen, wenn ich den Kapitän nicht gesehen hätte. So biß ich auf die Zähne und beantwortete seine Teilnahme, er hoffe, es lasse gleich nach. Er rief noch so'n Kuli ran und befahl, mich zu meinem Quartier zu begleiten.

Nur bis zur nächsten Kneipe hielt ich's noch aus. Ich sah käseweiß aus, und es war mir ganz flau. Dem mir mitgegebenen Schützer ließ ich auf meine Kosten geben, was er wollte. Wir saßen fast zwei Stunden, ehe ich mal wieder einen vollen Atemzug riskierte. Das Treiben in dieser Bude, eine richtige Matrosenkneipe, mit Damenbedienung, widerte mich richtig an. Bei unserm Abzug war mein Begleiter beschmort. Er nannte mich einen gauden Kierl und versprach mir, dem, der mich angerempelt habe, bei nächster Gelegenheit einen Torpedo in den Leib zu jagen.

Auf meinen früheren Reisen hatte mir nie das Gebaren der Seeleute mit den Weibern gefallen. Als ich jetzt mein Quartier aufsuchte, fiel es mir wieder doppelt auf die Nerven. Indes, ich hatte bedeutend andere Schmerzen, so daß ich mich kaum über die groben Sachen, die man jetzt bei angehender Dunkelheit betrachten konnte, aufhielt.

Ich war nur heilfroh, daß ich endlich an der Schule war, die mein Quartier bedeutete. Obwohl alles überfüllt war, hatten sich bis jetzt anscheinend wenig Leute eingefunden. Zu drei Mann gingen wir in ein Klassenzimmer, da drinnen hatte man ein Fuder Stroh hingebracht. Wir mußten erst sämtliche Bänke zusammenrücken, das Stroh auseinander streuen, und das Nachtlager von Granada war fertig.

Nun war ich ja oft auf meinen früheren Wanderungen beim Bauer ins Heu gekrochen und habe da immer leidlich geschlafen; aber hier war es schlecht. Hatte ich anfangs viel Stroh gehabt, von den Nachzüglern wurde mir das meiste wieder weggeholt. Vom Sturz hatte ich Pein in der rechten Hüfte. Die Schläfer unterhielten ein permanentes Schnarchen und gaben dazu hinterlistige Geräusche. Meine Nase, mein empfindlichstes Organ, fühlte sich beleidigt. Alles dies ließ mich keinen dauernden Schlaf finden. Wie gerädert erhob ich mich beim Morgengrauen. Ich konstatierte zunächst, daß ich meine gute Krawattennadel und sogar meinen Ring am Finger nicht mehr hatte. Das Suchen im Stroh brachte mir nichts wieder. Wenn sie dich totschießen, brauchst du das nicht; mit dieser Philosophie beglich ich den Schaden.

Im Schulhofe gab es aus einem Regimentskessel heißen Kaffee, auch ein Stück trockenen »Karro« konnte man kriegen. Kaffee hätte ich gern getrunken, aber aus der hohlen Hand?! Einer, der meine Leiden bemerkte, bot mir an, mit ihm aus einem Napf zu trinken.

Danach kam einer, ein Obermaat und hieß uns antreten. In Zivil sollten wir gleich an die Arbeit gehen. Meinen Panama ließ ich zurück im Schulsaal. Ich sah ihn niemals wieder, meinen guten, ersten, schönen Panama! Nach zehn Minuten gingen wir ans Wasser. Dort hatte man an Boote - oder muß ich sagen Schiffe - Planken gelegt, und es galt, über diese gefüllte Kohlenkörbe hinüberzutragen. Nun war ich die letzten 13 Jahre meines Lebens meistens auf der Schule gewesen, besaß aber trotzdem vom Sport trainierte harte Muskeln. Aber an Ausdauer der Arbeit war ich doch noch nicht gewöhnt, und dazu spürte ich beim Ausstrecken des rechten Armes, wenn ich meinen gefüllten Korb auf die Schulter schwang, jedesmal Schmerzen in der rechten Hüfte. Ich sackte schnell ab, und auf einmal stürze ich samt Korb und Kohlen kopfheister von der Planke ins Wasser. Wie's gegangen hat, weiß ich nicht mehr. Nur derjenige, der die Aufsicht führte, stand vor mir, der ich wie ein Häufchen Elend an der Ufermauer hockte.

»Dann gehen Sie man heim und trecken drögen Tuch an!«
Er mußte es paarmal sagen, dann erhob ich mich schwerfällig und wandelte heim, um das »drögen Tüch«, das ich gar nicht hatte, anzuziehen. So 'ne alte Drillichhose war das einzige Möbel, das ich in der Schule auftreiben konnte. Meine nassen Sachen hing ich an die Leine.

Um die Sache kurz zu machen, ich fiel nach zwei Tagen wiedermal ins Wasser, und da man mir versprach, man würde mich nach Hause jagen, wenn ich hier dauernd ins Wasser springe, fiel ich gleich den anderen Tag wieder rein und hatte zwei Stunden später einen Schein für die Heimreise.

Adieu Wilhelmshaven. Bei der Marine konnte ich in diesem Kriege keine Lorbeeren ernten, das hatte ich schnell begriffen. Das Scheiden tat mir nicht weh. Nur meine schöne Begeisterung war elend zum Teufel gegangen. Von Wilhelmshaven aus bin ich auf der Rückfahrt nach Bonn in jeder Garnison ausgestiegen, wurde aber nirgends aufgenommen. Im Hannover'schen wäre es mir beinahe dreckig gegangen. Zum ersten Male in diesem Kriege mußte ich hier meine Butterbrote bezahlen und nicht zu billig. Ich riß schleunigst aus und schlug mich durch nach der Dortmunder Gegend, wo Elise wohnte. Das gute Kind war auch noch nicht beim Roten Kreuz tätig, und mein Mißgeschick belachte sie herzlich.

Am Abend entzog sich der keusche Jüngling durch eine plötzliche Flucht der Versuchung, als sie akut wurde.

Foto: Unbekannt, Attribution: Bundesarchiv, Bild 104-0332 / CC-BY-SA

Truppentransport zur Front

Mit Macht an die Front

Die nächsten Tage schlenderte ich rum, ohne zu wissen, was ich wollte. Vernünftig wäre es gewesen, ich wäre heim an meine Arbeit gegangen. Dazu fehlte mir jede Lust. Und noch mehr genierte ich mich, schon wieder daheim zu sein. Aber schließlich ging mir der Draht aus, und am 19. August stieg ich in meiner Heimat wieder aus dem Zug. Mir war jetzt schon alles mehr oder weniger schnuppe geworden, und ich ließ mich höchstens noch treiben.

In den drei Wochen Krieg, die wir jetzt hatten, wurden wir daheim eigentlich noch gar nicht sosehr viel gewahr. Mich wunderte nur, daß noch gar keine Schlachten geschlagen waren. Lüttich war in meinen Augen kein so großer Erfolg, daß man solches Aufsehen davon machte. Bitte, was verstand ich von Politik, daß der Einmarsch in Belgien notwendig war? Warum marschierte man ins neutrale Belgien und ließ die Franzosen im Elsaß? Heute meine ich, ein gewisses Etwas, sagen wir ein feiner Instinkt, ließ mich damals schon ahnen, daß die Sache für uns nicht so glänzend stand. Die großartigen Siege in Belgien habe ich nie bewundern können, und es kam mir lächerlich vor, daß die Deutschen gar soviel Aufhebens über die Einnahme von Lüttich machten. Das hätte man nach meiner Ansicht höchst stillschweigend hinnehmen sollen. Ein Sieg der militärisch höchst vollendeten Deutschen über den z.Zt. militärisch völlig wertlosen Belgier war in meinen Augen keine Heldentat. Ich habe belgisches Militär schon vor dem Kriege gesehen, und dessen militärisches Gebaren kam mir sehr wenig soldatisch vor. Der arme Belgier hat leider am meisten die Zeche bezahlen müssen. Seine Tapferkeit schätze ich als die höchste, daß er es gewagt hat, dem deutschen Riesen zu trotzen. Na, ich sagte mir immer, du hast nicht in die Geheimarchive hineingekuckt, kannst also auch nicht alles wissen. Aber die »Siege« in Belgien hätte man dennoch verschweigen sollen. Belgien mit seiner Gloriole als Märtyrerin hat der Entente unschätzbare Dienste getan. Na, lassen wir das.

Wieder zu Hause, ging ich zuerst mal zu meinem Onkel, der als Gardist in den ersten Tagen mit ausgerückt war. Hat der 'nen Dusel! Er war schon wieder daheim. So ein mitleidiges Schüßchen in die Ferse; jawohl, der

Teufel geht immer mit den Reichen. Meine Tante, die wegen ihrer Kinder die ersten Tage, in Tränen zerflossen, sich die Knie in der Kirche wundgerutscht, wo sie eine Kerze hinter der anderen angesteckt, war schon wieder oben auf, frecher und geiziger wie vorher und ließ sich obendrein als Heldenmutter bewundern. Ihr Sohn, ja der war bald fein raus. Seine Verwundung war nicht schlimm, aber er konnte damit nicht mehr marschieren, obwohl er bald geheilt war. Und er, den kein Geschäft wegen seiner Borniertheit und Dummheit umsonst haben wollte, er bekam die allerschönste Stellung, weil genug Vakanzen da waren.

Mein Onkel zeigte sich als das, was er immer gewesen, nüchtern, praktisch, ohne Gefühlsduselei. Auch er hatte sich, wie viele damals, die deutsche Stellung mit Stecknadeln abgesteckt:

»Im Westen«, sagte er, »kommen wir nicht mehr viel vorwärts, und im Osten kann es schief gehen. Ich meine, den Krieg können wir nicht gewinnen. Wir haben zuviel am Halse.«

Und so wie er, dachte ich auch. Er fragte mich noch, was ich zu tun gedenke, ich solle nur suchen, möglichst günstig unterzukommen, da ich doch dran glauben müsse. Ich versprach in seinem Sinne zu wirken und empfahl mich heimwärts. Mit einer gewissen Beklemmung ging ich auf daheim zu. Es war der 8. Sonntag im Kriege, gegen Abend. Wie anders ging das Leben gegen früher! So still, als ob alle nach fern horchten. Meine Mutter saß allein auf einem Stuhl vor dem Hause, den Blick nach Bonn gerichtet. Sie hat mich nicht eher erkannt, bis ich dicht vor ihr stand. Vom vielen Weinen (sie hatte, abgesehen von mir, gleich vom ersten Tage der Mobilmachung an alle ihre drei Söhne vor dem Feinde stehen) waren ihre Augen rot, und deswegen wohl auch der Blick getrübt.

»N'Abend Mutter, melde mich zur Stelle!«

»Ach, du bist's, das wußte ich, daß du zuerst wieder zurück wärest.« Mit einem Auge lachte sie schon wieder:

»Ja, was machst du denn?«

»Ich bin seekrank geworden, als ich an der Nordsee war. Da komme ich nämlich her. Vom Feinde keine Spur. Über dem Wasser nichts, auf dem Wasser nichts und unter dem Wasser nichts; denn ich bin dreimal reingefallen in dasselbe.«

»Du hast immer dumme Streiche im Kopf. Das geht doch jetzt nicht mehr. Hör nur«, und tatsächlich vernahm man durch die Abendstille ganz fernes Kanonengebrüll.

»Die arm' Soldate! Wie mag es nur deinen Brüdern gehen!«

Nun war ich ja der Jüngste, dafür aber auch immer der Frechste. Nur diesmal war ich hinten angeraten. Darum, mehr aus Verdruß als aus Begeisterung, nahm ich die Gelegenheit wahr, als mein Verwandter, der Pionierunteroffizier in Köln war und diesen Abend zufällig auf einen Sprung nach Hause geeilt, mich einlud, zu seiner Truppe zu kommen. Ich sagte ihm zwar, daß ich auf dem Wege von Wilhelmshaven bis nach Hause in wenigstens 50 Kasernen angefragt habe, aber ohne Erfolg. Er entgegnete, ich würde bestimmt angenommen. Solch gesunde Leute wie ich könne man gerade bei den Pionieren brauchen.

Ihn des Morgens um vier Uhr schon nach Köln zu begleiten, lehnte ich ab. Erst mal wieder richtig bei Muttern ausschlafen.

So zog ich am anderen Tag Mittag erst los. Halt, daß ich's nicht vergesse, zu Hause war schon Ersatz für meinen ältesten Bruder, nämlich seine Braut. Na, Schwägerinnen kann ich schon besser leiden wie Schwager. Sie war nicht hübsch und nicht häßlich; aber voller Sentimentalitäten, und eigentlich konnte ich nicht recht begreifen, was sie bei unserer Mutter sollte oder wollte; ob sie sich bei uns vielleicht besser conservieren sollte. Sie begleitete mich auf dem Abmarsch bis Bonn und schenkte mir zum Abschied hundert Revue-Zigaretten. Erste Liebesgabe.

Foto: Unbekannt, Quelle: Australian War Memorial ID J00320

Sogar in Melbourne, Australien: Auf an die Front!

Das Reguläre Frontschwein

Foto: Unbekannt, Deutsche Postkarte 1914

Hauptbahnhof Fürth in Bayern am 7./8. August 1914

'Ne Fresse wie ein Offizier habe ich schon

In Köln kam ich an und ging zu den Pionieren, Bataillon 7. An der ersten Tür wurde ich gleich abgewiesen. Bei P.B. 7 mochte ich schon gar nicht mehr anfragen. Einen Motorradfahrer, der sein Vehikel zum Tor herausschob, fragte ich, ob hier was zu machen wäre. Mein Verwandter sei als Unteroffizier auch dabei und habe mich bestellt.

»Da hilft Ihnen kein Verwandter, der Unteroffizier ist und kein Gott. Bis unter den Dachziegel ist schon alles vollgestopft.«

Das kann gut werden, dachte ich, wenn das so weitergeht, dann ist der Krieg aus, ehe du schießen kannst.

Eben verschwinden ein paar Jünglinge in Zivil durchs Tor und von einem plötzlichen Impuls angeregt, folge ich ihnen. Die Wache bringt uns zur Bataillonsschreibstube. Man höre und staune! Die nächsten fünf Minuten waren wir alle drei schon angemustert, bekommen jeder einen ersten Zettel mit dem preußischen Adler auf der einen Seite und auf der anderen die zwei Worte: »Als Ausnahme!« zum Rekrutendepot.

Zunächst fand ich diese Bezeichnung schon skandalös, will sagen »schauderös.« Rekrutendepot. Wir wollten doch als deutsche Soldaten in keinem »Depot« ausgebildet werden.

Wir kamen also zum Depot, zur Kompanieschreibstube. Immer einer hübsch nach dem anderen, ich der letzte. »Wie redet man den an?« fragte ich schnell einen Vorrübergehenden.

»Dat ist der Spieß.«

»In welchem Rang steht denn der Herr Spieß?«

»Du Sommerrekrut, ein Spieß ist ein Feldwebel!«

»Eintreten!« brüllte von drinnen jemand. Ich riß die Tür auf und meinen Panama ab, stürze vor.

»Guten Tag, Herr Sp-Fffeldwebel. Schmitz heiße ich, soll mich hier melden.«

Der also von mir so Angeredete musterte mich höhnisch, kritisch, und ich hatte gleich das Gefühl, daß er mir grün war. Vom Wohlwollen des Spießes hängt das ganze Wohlleben in der Kompanie ab.

»Zotz« hieß der Herr Spieß. Eine kurze, gedrungene, sehnige, echt soldatische Erscheinung, mit echt preußischem, flaxblondem, hochgezwirbeltem Schnurrbart, jeder Zoll Soldat. Hier kann und darf man nur Gleiches mit Gleichem vergelten, hatte ich sofort begriffen. Wozu war ich denn schon mit 18 Jahren »staatlich geprüfter Turnlehrer« geworden? Ich benahm mich also gleich reglementsmäßig und hatte dadurch gleich die richtige Seite getroffen. Ich glaube, mein erster Eindruck, den ich machte, war der beste.

»Morgen früh neun Uhr zum ersten Male antreten auf dem Hofe vor dem Depot hier. Bis dahin machen Sie, was Sie wollen! Wegtreten!«

Und nun weiß ich nicht, ob ich beim Schlußeffekt die ganze Anfangsszenerie wieder verdorben habe; nämlich beim Verlassen dieses Heiligtums machte ich eine gut bemessene, formvollendete Verbeugung vor dem Gestrengen, schwank dazu elegant meinen Panama, wozu der Herr höhnisch feixte, und draußen war ich.

Auf dem Hofe trieben sich noch ein paar »Ausnahmen« herum, denen ich mich zugesellte. Wir setzten uns auf eine Bank vor dem Gebäude und sahen uns einstweilen das Kommißleben aus der sixtinischen Vogelperspektive an.

»Raustreten!« brüllte es durchs ganze Haus, und auf einmal fliegen die Türen auf, und in einer Minute stehen 200 Mann in Kompagniefront vor dem Herrn Spieß, in blauer Uniform, Stiefel lang, Hosen in denselben. Feldgrau trugen einstweilen nur die Marschbereiten. Was sich hier vor meinen Augen zeigte, waren »nur« Kriegsfreiwillige, Rekruten, erst seit 14 Tagen im bunten Rock, fast noch ganz roh.

Noch war ich nicht so weit. Ich studierte die Gesichter, um festzustellen, wie ihnen der Anfang bereits bekommen war.

»Drück dich, heute kannst du es noch!« hatte mir vorher einer geraten.

»Drück dich, es ist alles ganz anders, wie wir es uns gedacht haben. Es ist kein größer Leid, als das , was man sich selbst antut.«

Nanu, hatte ich gedacht, hat man euch die schöne Begeisterung schon ausgebleut? Ich schreibe hier vollständig objektiv, wie das wahre Gesicht war.

Also ganz allgemein gesagt, von der schönen Begeisterung war hier absolut nichts zu spüren. Das hatte ich gleich von vorne herein weg. Es fehlte vor allen Dingen der seelische Kontakt. Der Einzelne wurde nur wie eine Ware behandelt; Kriegsware, das trifft hier den Nagel auf den Kopf in des Wortes übelster Bedeutung.

Feldwebel Zotz war ein Leuteschinder, ein Rekrutendriller, wie ich ihn selten gesehen. Er hat seinen Dient gewiß zur Zufriedenheit seiner Vorgesetzten versehen. Er führte ein sehr strenges Regiment. In meiner ganzen Militärzeit war er trotzdem der Feldwebel, den ich am meisten leiden mochte. Denn er konnte selbst etwas vormachen und scheute sich nie, sich auchmal dieserhalb einer Mühe zu unterziehen. Für gute Leistungen hatte er ein gutes Auge und da ich, als Turner und Sportsmensch, ihm manches vorweisen konnte, glaube ich, bei ihm eine »gute Nummer« gehabt zu haben.

Bis zum Abend drückte ich mich auf dem Hof herum. Mir war so ziemlich alles wurscht, und ich wollte mich vom Strome treiben lassen. Uns Neuankömmlinge, die wir noch in Zivil waren, ließ man ungeschoren. Wer noch ein paar Groschen hatte, durfte in der Kantine spendieren.

Mir war von all dem Gedöns der Kopf dumpf, und ich sehnte mich nach Schlaf. Ja, richtig, wo sollte ich schlafen heute nacht? Auf meine diesbezügliche Frage nahm sich jemand meiner an, der mich 100 Stufen hinauf bis unter die äußersten Dachziegel auf den sog. Speicher schleifte. Da sollte ich mir zwei Decken nehmen und mich in irgendeine Ecke »hauen«. Na, ich hatte mich ja schon rechtzeitig abgehärtet, auf meinen Touren manche Platte schon gerissen; würde also auch diese Nacht auf dem blanken Boden mir schon um die Ohren zu schlagen wissen.

Meine Joppe rollte ich zusammen als Kopfkissen, wand eine Decke um mich und deckte die andere über mich und versuchte zu dachsen. Ja - Kuchen! Kalt war es ja nicht, weil es noch August war. Aber der Lärm! Immer noch kamen Nachzügler, die sich Plätze suchten und dabei über die anderen im Dunkeln wegstolperten. Neben mir unterhielten sich ein paar echte »Kölsche Kluten.«

»Tünn, doheim hann mir et doch jemütlicher. Weeßte, do henn ich keen Lost. Morgen frö jonn ich wedder stifte.«

»Jo, ich jonn met der, en warte bis dat se mich holle. Ich henn die Nas schon voll.«

Ich auch, dachte ich. Verdammt noch mal, ein ganz klein bißchen konnte man sich doch um uns kümmern. Keinen Bissen Essen hatte man uns verschafft. Einen Strohsack hätte man uns geben können, für das liebe Vieh sorgte man doch von der ersten Stunde an, wenn die requirierten Pferde in die Kaserne kamen.

Es war eine fürchterliche Nacht, diese erste Nacht in der Pionierkaserne. Die meisten fluchten die ganze Nacht hindurch oder suchten sich auf die unfeinste Art in hinterlistigen Tönen zu überbieten, weil sie nicht schlafen konnten. Von Kameradschaftlichkeit und Rücksichtnehmen auf den Schlaf der Kameraden keine Spur.

Gegen Morgen bin ich doch eingeduselt. Aber nicht lange sollte es dauern. Gegen halb fünf Uhr stolpert jemand durch die Speichertür: »Aufstehen! Alles gesund?«

Raus war er wieder. Nach drei Minuten reißt er wieder die Türe auf.

»Kaffeeholer heraus!« brüllt er wieder, ehe er die Türe noch halb geöffnet hat. Er tritt sie mit dem Fuße vollends auf:

»Was, ihr verfluchten Lumpenhunde, liegt noch mit dem A. in der Sch...!« Raus ist er und nach einer Minute springt er unversehens mit einer großen Kanne Wasser wieder rein, schaut wutschnaubend umher und gießt sie einem noch sanft Schlummernden ganz über. Der aber, schneller als wie ein von der Tarantel Gestochener, springt auf, und wir hatten in aller Herrgottsfrühe schon die schönste Keilerei mit Tanzvergnügen. Der Kannenmann war an den Unrechten geraten und lag richtig k.o. am Boden.

»Ich jonn leefer widder no Hus!« sagte der andere, steckte beide Hände bis an die Ellenbogen in die Hosentasche und verließ drohend unser Gemach, während der andere sich mühsam ächzend vom Boden erhob. Das rechte Auge war dick angeschwollen.

»Der kommt vors Kriegsgericht«, suchte er seine Niederlage zu verschönern, dabei sagte er wieder, nur mit Fistelstimme: »Kaffeeholer heraus!«

Na, da wollten wir alle Kaffee holen. Aber worin? Wir haben keinen Kaffee gekriegt, und weil sich niemand um uns zu kümmern schien, gingen wir zur Kantine. Da bekam man für fünf Pfennig Kaffee, für zwei Pfennig ein Brötchen und für drei Pfennig Leber- oder Blutwurst.

Ich habe bis um halb neun in der Kantine gesessen und ging endlich, von Langeweile geplagt, wieder zu meinem Depot. Auf der Schreibstube begehrte ich zu wissen, was ich zu tun habe. Da behielten sie mich gleich da und setzten zunächst mal einen Steckbrief von mir aus. Dann schickten sie mich zur Kammer.

Der Kammerunteroffizier war ein Unikum. Er sprach ein unverfälscht polnisches Idiom. Seinen Thron hatte er inmitten einem Tohuwabohu von Uniformstücken, Stiefeln, Koppeln usw. aufgeschlagen. Wie Zeus auf dem hohen Olymp. Der Mann roch nach Wudki. Er benahm sich schläfrig.

Aus dem großen Lumpenhaufen sollte ich mir 'ne Jacke suchen. Schnell mußte es gehen, das Beste war schon längst weg. Zu den Pionieren kamen sonst in Friedenszeiten nur schwere Jungens, Schiffer, Zimmerleute. Alles Größe 50, während ich nur über 46 verfügte. Dem Kammerfürsten dauerte es mit mir zu lange. Er suchte mir den ersten besten aus. »So, der paßt! Arme auseinander. Hier die Hose! Paßt auch schon!« Dazu bekam ich noch ein paar »passende« Schnürschuhe und Stiefel verpaßt und nun noch Feldmütze und Helm.

Nichts Passendes war zu verpassen.

»Nee, son' Bumskopf habe ich noch nicht gehabt. Was haben Sie für 'ne Nummer?«

»Kopfgröße 6.«

»Führe ich nicht! Nehmen Sie sich diese Mütze und lassen Sie sie auf der Handwerkerstube umändern. Hier hab ich noch einen Helm, da machen wir das Futter raus.«

Das tat er, nahm dann den Helm an der Spitze und haut ihn mir mit kräftigem Ruck auf den Kopf. Ich schüttle vor Schmerz den Kopf, und der Helm lag im Dreck. Nun wurde er wütend und jagte mich mit den »verpaßten« Sachen zum Tempel hinaus.

Der reinste Zirkusclown war fertig, als ich die Sachen auf dem Leibe hatte. Das sog. »Krätzchen«, die Feldmütze, saß auf dem Kopf wie der Affe auf der Telegrafenstange. In den Rock hätten zwei von meinem Umfang reingepaßt. Die Hosen, die unsterblichen Hosen - Harmonikahosen. Die Schuhe krönten das Werk. Gut, daß Lederriemen dran waren, sonst hätte ich sie beim ersten Gang schon abgetan. Von den Stiefeln woll'n wir lieber gar nicht reden. Man konnte darin im Stehen sterben. Als stumme Pantomime hätte ich in dem Kostüm selbst im Wintergarten Figur und Furore machen können.

Erst viel später habe ich erfahren, daß jener hohe Herr von der Kammer ein System des Verpassens hatte. Die meisten sollten wiederkommen, und wenn sie einen Obulus gereicht hatten, bekamen sie anständige Sachen.

Ich kam mir in meinem Kostüm, das man des Kaisers Rock nannte, vor wie ein Sträfling in der Zwangsjacke. Einerlei, ist's dem gut, mir ist es auch gut genug. Nur als meine Schwägerin in Spe mich des Nachmittags besuchte, habe ich mich doch mächtig geniert, und sie sich wohl auch. Sie hatte sich mich als Einjährigen, Kriegsfreiwilligen, wohl anders vorgestellt. Ich war froh, als sie ging.

Anders wurde es, als mein Verwandter mich in diesem Kostüm entdeckte. Er hat meine sämtlichen Klamotten bei seiner Kompaniekammer umgetauscht.

Mit Dienst ließ man uns die ersten paar Tage unbehelligt, und ich dachte, ich stände wohl schon auf der Verlustliste. Mir behagte das ganz gut. Ich bin immer dafür gewesen, keine Aufmerksamkeit zu erregen. An dem verschwiegensten Ort fiel ich das erste Mal auf; ich war bereits informiert, daß preußische Unteroffiziere als höhere Wesen besonders zu respektieren seien. Wie ich nun gerade von jenem Ort scheide, kommt im Sturmschritt ein Unteroffizier, ich springe auf die Seite und lege exakt die Hand an die Kopfbedeckung.

»Platz da, Sie Rindvieh!« und während er schon die Hosen runterläßt, belehrt er:

»Wenn Sie stehen, legt man die Hand an die Hosennaht und nicht an die Kopfbedeckung! Verstanden!«

»Jawohl, Herr Unteroffizier!« Auf dem Absatz kehrt, und fort war ich, und hinter mir her ein Kanonenschuß, wie ihn nur Kommißbrot verursachen kann.

Ich hatte mir von meinen schäbigen Finanzen noch soviel für eine anständige Schirmmütze erübrigt. Am 2. Tage meiner glorreichen militärischen Laufbahn brüllt man über den ganzen Kasernenhof meinen Namen.

»Sofort zum Major aufs Stabsgebäude kommen!« Ich renne, da steht der Vater einer mir bekannten jungen Dame beim Major. Er hat für mich um Urlaub gebeten, den der Herr Major sofort verfügt. Vor dem Kasernentor steige ich unter vielen neidischen Blicken ins Auto meiner Dame und meiner Schwester und platziere mich recht großartig ins bequeme Polster. Ich genoß schon Lorbeeren auf Vorschuß; kaum sind wir hundert Meter von der Kaserne weg, da fliegen rechts und links die Hände an die Kopfbedeckung. Ich danke wie ein alter General. Meine Freundin und meine Schwester wollten sich totlachen, so daß ich sie ernstlich um »Würde wahren« bitten mußte. Aber spaßig war's doch und zu verdenken war's den einzelnen nicht, hatte mir doch ein Kamerad meines Verwandten gesagt, »'ne Fresse wie ein Offizier habe ich schon.«

Also, den Abend habe ich mich höllisch amüsiert. Aber das war auch das Ende meiner jungen Herrlichkeit, denn auf einmal war ich dadurch entdeckt worden, daß der Herr Major nach mir hatte fragen lassen.

Einjährige und Kölsche Kluten

Am anderen Morgen mußte ich mit zum Revier, um mich auf Kriegsverwendungsfähigkeit untersuchen zu lassen. Meine Musterung hat mich kaum eine Minute gekostet. Ich war k.v. und damit endgültig als Ehrenmitglied in den Verband aufgenommen. Wir waren zu ungefähr 20 Mann untersucht worden. Als wir vom Arzt kamen, wurden wir mit Besen bewaffnet, und »Kasernenhof fegen« war mein erster Pionierdienst. Der Aufsichtshabende, ein Gefreiter von der Unteroffiziersschule, lobte meinen Eifer. Ich entgegnete gehorsamst, daß ich sehr für Reinlichkeit hier und überall, jetzt und immer geschwärmt habe, daß das hier aber mir eine große Schweinerei dünke, da man noch nicht gesprengt habe, sowohl außen wie innen, und ob man Letzteres nicht in der Kantine 'nen Augenblick besorgen könne, was schließlich nicht zu verwerfen sei, wenn er dabei wäre. Das verstand er, und er blieb mit dabei.

Als wir wiederkamen, lehnten sämtliche Besen friedlich an der Wand. Und nun habe ich erlebt, was so ein diensttuender Unteroffizier oder ein Herr Gefreiter für eine Macht ist. Mich stehenlassend oder viel mehr mich beurlaubend, stürzte er mit Wutgebrüll ins Kompanierevier, erwischt die ganze Blase beim Frühstück, jagt sie hinaus und läßt ein Kehren vollführen, bis daß das letzte Haar oder der letzte Besenreis futsch ist.

Am Nachmittag wurde ich der Korporalschaft Nr. 13 zugeteilt. Immer in meinem Leben spielte die 13 eine Rolle. Die 13 war so ungefähr die letzte, und was Wunder, wenn wir im Kompanierevier ganz nach oben unters Dach kamen. Ja, unter dem Dach, wo der Sperling seine Jungen hat, direkt unter den Dachpfannen habe ich in den nächsten sechs Wochen geschlafen auf einem schäbigen Strohsack, mit Papier aufgefüllt. Wir lagen auf dem blanken Boden, ein Papiersack und zwei Decken, das war unser Bett. Auf dem Speicher lagen wir zu 90 Mann, wie Heringe zusammengepreßt. Einmal ist es mir nun ganz unmöglich, zwischen meinesgleichen zu schlafen. Im gewöhnlichen Leben mag ich nicht einmal die Berührung eines anderen und nun gar neben jemand anderem schlafen! Ich konnte einfach nicht, und kurzerhand isolierte ich meine Schlafstelle hinter einem Kamin im Gang und bin die ganze Zeit ungeschoren liegengeblieben. Unter dem Kopfende barg ich meine Siebensachen, mit dem Erfolge, daß mir am anderen Morgen auch alles gestohlen war, was irgendwie stehlenswert war. Den Tag später fehlte mir sogar eine meiner zwei Decken.

»Herr Feldwebel, mir haben »sie« die Decke gestohlen«, meldete ich, noch ganz bestürzt, dem vor mir auftauchenden Feldwebel Zotz. Der lachte grimmig vor sich hin:

»Was, ich?«

»Heute Abend vor sechs Uhr vor der Schreibstube melden, mit den zwei Decken«, herrschte er mich an.

Ich habe mich gemeldet und hatte zwei Decken, aber fragt mich nur nicht, wie und woher. Ich habe mir die Decke nach altpreußischem Rezept verschafft. Dadurch bin ich, glaube ich, in den Augen meines Feldwebels von vornherein als voll befunden worden. War es hier Wahlverwandtschaft oder was, daß ich mit Feldwebel Zotz gut gefahren bin, solange ich bei ihm war. Er galt als der Strengste auf dem ganzen Kasernenhof. Sein Schliff war gefürchtet. Keiner verstand es wie er, die Rekruten aufzuschwänzen.

»Rechts schwenkt marsch, marsch! Links schwenkt marsch, marsch!« gings bei ihm manchmal eine halbe Stunde lang, daß uns die Brühe in der Kimme kochte. Wenns ihm nicht schnell genug ging, scheute er sich nicht, wie ein brüllender Löwe hinterherzuschnellen und den Langsamen auch mal versehentlich mit der Säbelscheide zu »streifen«. Als er mir einmal zu nahe kam, feuerte ich hintenaus wie ein wildes Roß und trat ihn auf die Latte, und er hat dazu nur die Zähne gebleckt.

Ich selbst hatte ein Jahr als Turnlehrer an der Übungsschule fungiert, verstand also was vom Turnen. Und Zotz war »jeder Zoll« an ihm Turner. Er hat Dinger uns vorgemacht, daß wir alle staunten. Das hat mir am meisten an ihm imponiert, daß er alles richtig vorzumachen wußte. Und ich habe ihm imponiert, daß ich gleich alles richtig nachmachte. Schon in den ersten 14 Tagen, war ich, wenn er beaufsichtigte, Gruppenführer. Die Griffe, die Griffe - die machte er exakt, präzise, und mich hat er zuerst vor die ganze Front gestellt, um den anderen meine Griffe zu zeigen.

Lachen mußte ich, als wir unsere ersten 16 Mark Putzgeld bekamen. Immer zu zwei und drei mußten wir »immer rin« in die Schreibstube. Drinnen schien unser Zotz Jahrmarkt abzuhalten. Er händigte jedem gewissenhaft sein Geld aus und machte gleichzeitig jeden gebührend darauf aufmerksam, daß er sehr preiswerte Unterhosen und Unterjacken billig zu verkaufen habe. Viele oder alle haben aus Angst ihr halbes Putzgeld in Unterhosen angelegt. Als ich ablehnte, mit dem Hinweis, daß meine liebe Mutter selbst solche Dinger im Geschäft habe, hat er mich ungläubig angesehen und nichts gesagt. Nachmittags war Appell in Putzzeug und danach für die meisten Strafexerzieren, weil ihnen Geld fehlte, das Nötige zu kaufen (von wegen die Unterhosen). Generalmärsche, vulgo Übungsmärsche, waren das Spezialvergnügen von Zotz. Er scheute sich nicht, selbst dem Leutnant Lehre zu erteilen.

Wir hatten einen Übungsmarkt mit Gefechtsübung. Die roten Feldzeichen markierten den Feind. Wie wir in der Gegend um Köln über die Feldwege stolpern, knallt es plötzlich aus einem einfachen Gehöft auf uns, und wir erblicken rote Feldzeichen. Wir mußten halten, und der Kompanieführer schien ratlos. Denn auf einmal fiel ihm ein, die Kompanie ausschwärmen zu lassen und auf das Gehöft Sturm zu laufen. Was konnten wir da feststellen? Zotz saß mit seinen vier Schreibstubenhengsten im Gehölz des Hofes. Nachdem wir eben vom Kasernenhofe abmarschiert waren, hatte er seine Garde schnell auf Räder gesetzt und war »hinten rum« gefahren. Lachend kam er jetzt aus dem Dickicht gesprungen:

»Herr Leutnant, im Ernstfalle wäre jetzt ihre ganze Kompanie vom Feind erschossen.«

Das war eine böse Pille, und wir alle beobachteten seit der Zeit, daß zwischen den beiden ein sehr angespanntes Verhältnis eintrat. Zotz war ein aktiver Feldwebel, und unser Leutnant ein Reserveonkel in Zivil, Assistent auf dem Kölner Güterbahnhof. Zotz hat zu unserer Ausbildung mehr geleistet, als der Leutnant mit seinem ganzen Stabe zusammen, obgleich das nicht zu seinem Resort gehörte. Wenn wir vom Kasernenhof zum Übungsplatz marschierten, machte er den halben oder auch den ganzen Weg mit uns, dabei immer wie ein Hund seine Hammelherde umkreisend.

Großartig war der Gesangsunterricht bei Zotz. Ich habe innerlich Tränen gelacht. Erst sprach er uns den Text jeder Strophe ein paarmal vor, dann bellte er uns mit seinem harten Organ die »Melodie« vor, und als er dabei husten mußte, da spitzte er die Schnauze und pfiff, und wir haben dann gesungen wie er gepfiffen. Wer lacht da!

Nun zur Kompanie. Sie bestand zur Hälfte aus Einjährigen, und die andere Hälfte waren echte »Kölsche Kluten« aus der Thieboldsgasse und vom Griechenmarkt. Ein paar außergewöhnliche Lichter, Kerls der übelsten Sorte, mit denen nie und nimmer ein Krieg zu gewinnen war.

Unter den Einjährigen prangte als besondere Leuchte ein Gefreiter Meyer, ein dicker, frecher, vollgefressener Strumpf, ebenso dumm wie anmaßend. Sein Namesvetter Meyer II war im ganzen und allem genau das Gegenteil. Meyer I hat sich bei der Frühjahrsoffensive in Flandern selbst die Hand verstümmelt. Der schmächtige Meyer II mit dem Milchgesicht brachte aus der Offensive vor Ipern ein vollständiges englisches Geschütz heim.

Ich hatte, wie meistens in meinem Leben, nach keiner Richtung Fühlung, ging auch meistens alleine aus. Man ließ mich auch von jeder Seite in Ruhe, um so mehr, als ich mal jemanden, der mich beim Stubenfegen mit dem Besen schlug, mit zwei Hieben k.o. schlug, so daß er beim Appell fehlen mußte.

Der Korporalschaftsführer war so richtig der Mann nach meinem Herzen. Ein alter Rheinschiffer. Wenn der Kompanieführer in Sicht kam, gröhlte er mit seiner Stimme, brüllte uns an, daß jener von Ferne schon wieder beidrehte. War er außer Hörweite, dann sank seine Stimme zu einem Geflüster herab.

»Jungens, dat mir keiner von euch uffällt! Dat ist die Hautpsache. Blamiert die Korporalschaft nisch. Wat ihr sonst tut, is mir scheibe!«

Und die Korporalschaft schnitt infolgedessen immer am besten ab. Wir wurden nicht so gepiesakt wie die anderen.

Überhaupt diese Leuteschinderei. Man hätte vermuten sollen, jetzt, wo es doch auf Leben und Sterben ging, würde das wegfallen. Ich habe unglaubliche Sachen erlebt.

Nachts um zwei Uhr wurden wir hochgescheucht, mußten losmarschieren, bis zu 54 km in einem Tempo, mal mit einer halben Stunde Pause; dazwischen noch Gefechtsübungen. Nachmittags um drei bis halb vier Uhr kamen wir totmüde heim. Der Kompanieführer auf dem Gaul war selbst müde und verordnete, an den Marsch anschließend 1-2 Stunden Bettruhe. Was tat Zotz, nachdem der Leutnant der Schreibstube kaum den Rücken gedreht? Er ließ Alarm machen, und ächzend wenden sich die erschöpften Gestalten wieder die kaum erstiegenen Treppen hinunter. Unten beim Appell haben dann manchmal ein halb Dutzend gleichzeitig schlapp gemacht.

Wie oft, kam er noch des Abends spät (um zehn Uhr war Zapfenstreich) um halb zwölf in unsere Schlafstelle gespritzt:

»Fingernägel vorzeigen!« oder »Stiefel vorzeigen!«

Nein, manchmal wurde es wirklich des Guten zuviel, und der schönste Eifer, die hehrste Begeisterung mußte dabei zum Teufel gehen. Er ging früh genug so weit, daß sich jeder freute, zur Ersatzkompanie zu kommen, weil er von dort die Aussicht hatte, bald ins Feld zu kommen, wo er diesen ewigen Schikanen enthoben zu sein hoffte. Es war eine trübe, traurige Zeit, die nur ganz selten ein kleiner Lichtblick erhellte.

So z.B. hatten wir eines Sonntags Feldgottesdienst auf dem Kasernenhof eines Nachbarregiments. Während des Gottesdienstes fängt es an zu regnen. Erst sachte, dann immer mehr. Der Pfarrer hat sich schon längst verduftet. Eine Kompanie nach der anderen macht kehrt, und schließlich stehen wir armen Pionierrekruten ganz allein, weil niemand mehr da ist, der uns abkommandiert, denn der diensttuende Unteroffizier hält Gottesdienst in der Kantine. Schließlich faßt sich ein anderer Unteroffizier das Herz und kommandiert:

»Das Ganze kehrt - marsch!« Und weil es jetzt Bindfäden regnete:

»Laufschritt, marsch, marsch!« Nun rannte alles in wilder Flucht wie eine gehetzte Meute zum Tor hinaus und bei uns wieder hinein. Es war eine ganz wilde Jagd. Kaum sind wir drin im Quartier - Alarm - der Herr Major hält im Auto mitten auf dem Kasernenhof. Krebsrot ist er, und seine Stimme schnappt vor Zorn über:

»Sind das Pioniere, Wasserpioniere, reißen wegen ein paar Tropfen Regen aus!« Und nun verhängt er fürchterliche Strafen, u. a., daß kein Katholik mehr des Sonntags Ausgang habe. Infolgedessen waren am Nachmittag die Stuben voller Leute. Da kommt Zotz durchs Revier:

»Warum geht ihr nicht raus?«

»Herr Feldwebel, der Herr Major hat doch gesagt, daß kein Katholik - «

»Was sind Sie?«

»Katholisch.«

»Was sind Sie??«

»Katholisch?«

»Sie Hornvieh, sind Sie katholisch oder«

»Evangelisch, Herr Feldwebel«

»Raus!«

»Und Sie?«

»Evangelisch«

»Raus!«

Und alle waren an diesem Sonntag evangelisch. Nur ich war: - Jude. Da wollte er wissen, ob ich schon beschnitten sei. Und über seinen Witz konnte er nur mit Mühe sein strenges Gesicht beherrschen, so daß er gleich die Stube verließ. Kein Katholik hat unter dem furchtbaren Arrestbefehl des Major zu leiden gehabt.

Bis heute noch nicht habe ich das Wesen des Feldwebels ganz begriffen. Er war in seinem Fach tüchtig, ein ganzer Mann. Er war streng bis zur Grausamkeit, die gerade ich nie empfunden habe. Mir hat er oft Urlaub gegeben, worüber sich alle Kameraden wunderten und mich beneideten.

Eines Tages wurde ich zum Feldwebel in die Schreibstube bestellt.

»Sind Sie Einjähriger?«

»Ich habe das Abitur als Externer gebaut, sonst aber nie ein preußisches Gymnasium besucht, somit nicht zum Einjährigendienst qualifiziert!«

»Warum haben Sie sich dann als Maurer eintragen lassen?«

»Weil ich damit rechnete, als Handwerker eher bei den Pionieren anzukommen.«

»Sie haben die Schnüre anzulegen, morgen vorzeigen! Wegtreten!« Wie war er dahinter gekommen? Mein Unteroffizier, so erzählte mir nachher der Schreiber, sei auf die Schreibstube gekommen:

»Herr Feldwebel, der Koufen ist wat mehr als ein Maurer, der hat heute die Sprengladung als einzger richtig berechnet, dat sich der Leutnant sehr gewundert hat!«

Lieber wäre ich nun Maurer geblieben; denn diejenigen, die wirklich bisher als Einjährige fungierten, betrachteten mich als Eindringling und Außenseiter. Außerdem hatte ich keine eigene Uniform und legte keinen Wert darauf, eine zu besitzen, rechnete ich doch damit, in ein paar Wochen an der Front zu sein und ein bißchen später schon totgeschossen zu sein.

Ich war Einjähriger wider Willen. Daß ich nun gar bei dem Sonderexerzieren Gruppenführer bei den Einjährigen wurde, ihnen vorturnen mußte, ich, der Prolet, das hat meinen Kommilitonen, dieser Rasselbande, zu sehr mißfallen. Der einzige, mit dem ich ein bissel Fühlung hatte, war der Busch. Beim Gefechtsexerzieren hat er den besten Witz gemacht: statt Gruppe Busch macht einen Sprung, brüllt er mit voller Lunge:

»Gruppe Sprung macht einen Busch!«

Ich lag mit meiner Gruppe nebenan und rief ihm zu, er solle seiner Gruppe nicht soviel zumuten. Von da ab waren wir so was wie Freunde. Also wir wurden gedrillt und gezwiebelt, kamen aus der Anstrengung nicht heraus und wurden vom Kriege nichts weiter gewahr, als was uns Zotz beim Appell mit seiner sonoren Stimme vorschmetterte.

Eines Abends, als ich durch Köln ging, zupfte mich ein Zivilist am Ärmel:
»Sie, Soldat, die Deutschen haben eine große Schlacht verloren. 180000 Mann sind in Gefangenschaft geraten. Es steht schlimm!«

Fort war er im Gedränge. Als am anderen Morgen plötzlich vier Kompanien Ersatzleute ausrückten, habe ich der Sache nicht mehr ganz getraut. Heute frage ich mich oft, weshalb mußte damals im Westen das große Loch in der Front entstehen? Die Kasernen waren bis zum Bersten voll. Man hätte alles in Trab setzen sollen, wenn nicht mit der Bahn, dann per pedes. Unterwegs hätte man nach meiner Ansicht die Leute noch ausbilden können, genau wie anno 1813. Schade, daß ich nicht zum A.O.K. gehörte!

Hauptsächlich die Unbehaglichkeit zwischen den Einjährigen ließ mich jedes Mittel versuchen, raus ins Feld zu kommen. Zotz funkelte mich jedesmal wild an, wenn ich mein Anliegen vorbrachte, und einmal kotzte er mich an:
»Sie hätten noch lange bei mir bleiben können. Ich hätte Sie zum Gefreiten vorgeschlagen. Bei mir wären Sie Exerzierlehrer geworden.«

»Herr Feldwebel, wenn ich wiederkomme, will ich gerne bei Ihnen Depotführer werden!«

Das war zuviel. Mit seinem fürchterlichsten »Raus!« schmiß er mich zur Türe hinaus, und den anderen Tag hatte ich schon meine Entlassung. Keine Strafversetzung; im Gegenteil.

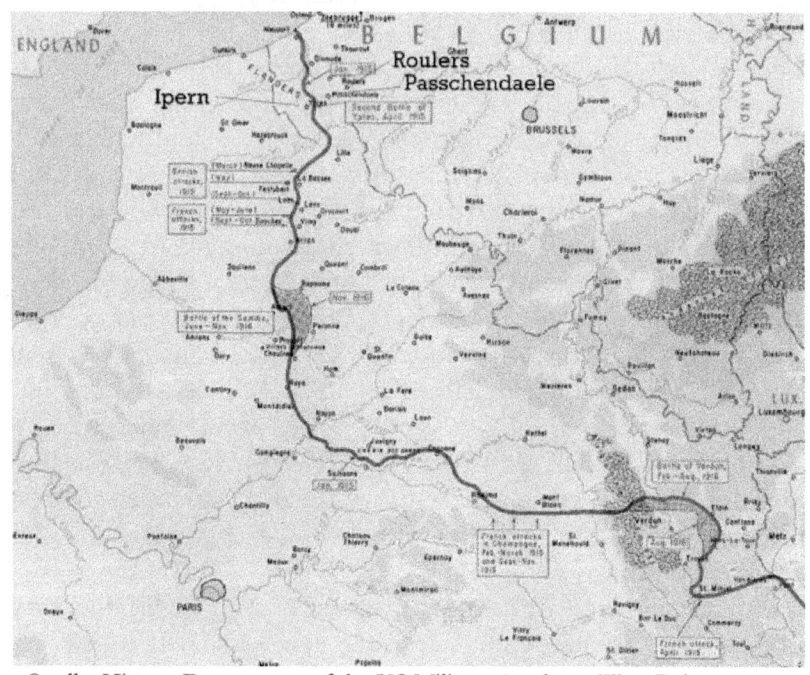

Quelle: History Department of the US Military Academy West Point

*Karte der Westfront 1914-1916 mit den Orten
Ipern, Roulers und Passchendaele*

14-tägige Frontreise - der Zorn des Hauptmanns

Roulers, Becelaire, Stube 136

Ich kam zu einem Kommando von 40 Mann. Wir hatten ein fürchterliches Kriegsgeheimnis zu hüten. So wurde uns wenigstens das eingeschärft, was uns später als kolossale Kinderei erschien. Wir hatten sowas Ähnliches wie eine Gulaschkanone, die aber nicht Essen, sondern Feuer spuckte. Will lieber sagen: spucken sollte; denn in Wirklichkeit hat das Ding zu unserer Zeit nie gespuckt. Wir wurden 14 Tage ausgebildet und kamen dann schnell nach Flandern. Da sind wir dann viel mit unserem Kochkessel hinter der Front rumgerutscht und konnten nirgendwo unser Patent anbringen. In Roulers hatten ein paar verirrte Gewehrkugeln unseren Kessel auslaufen lassen. Da standen wir dann wie das Rind beim Dreck. Auf dieser 14-tägigen Frontreise sind wir gar nicht zum Eingreifen gekommen, und wir waren alle davon überzeugt, daß die Idee gut war, ihre Ausführung aber in dieser Form Utopie bleiben müsse.

Vom Kriege haben wir damals kaum etwas gesehen. Abgesehen von Roulers, sind wir nur bei Becelaire mal zufällig ein wenig in den Schlamassel geraten. Dort hatten auch Straßenkämpfe stattgefunden. Der Ort schien in deutschem Besitz, und wieder humpelten wir zwecklos mit unserem Flammenspucker hintendrein. Da gab es auf einmal aus den Häusern Feuer. Schnell von der Straße fort. Ich springe in ein einstöckiges Haus. So ganz urplötzlich war ich zum handelnden Krieger geworden. Hinter der Türe steckte ich erstmal das Seitengewehr auf, dem Himmel sei Dank, daß mir das einfiel. Dazu einen 6-läufigen Revolver, mein Privateigentum, fertig gemacht, und ich spähe mit Augen und Ohren durchs Haus. Ich stehe noch und höre das Weinen eines Kindes. Die erste Türe links ist offen, da liegt eine junge Frau tot am Boden, und am Halse hängt der Säugling. Ich fand keine Zeit, hier eine Jeremiade über die Grausamkeit des Krieges einzuflechten, empfand kaum Entsetzen, spähe nur, na, wie soll ich sagen, es kroch mir kalt über den Rücken, weil ich jeden Moment aus irgendeinem Winkel eine krachende Kugel erwartete. Ich fühle, daß ich etwas tun muß, gebe mir einen Ruck, öffne die 2. Tür, hätte ich doch wenigstens die Haustür aufgestoßen, öffne wieder eine Tür, sehe nichts und schreite dann zu einer Tür, die offenbar ins Freie, in den Hof führt. Diese stoße ich plötzlich auf, nicht mit der Erwartung, da noch jemanden zu treffen. Hätt ich meinen Revolver schußgerecht gehalten, in diesem Moment hätte ich meinen ersten Feind in diesem Kriege erschießen können.

Im Hofe standen zwei Engländer, die über die Mauer auf kürzeste Entfernung auf die Straße geschossen hatten. Ich hätte sie beide erledigen können, wenn ich Patronen im Lauf gehabt hätte und nicht die Türe mit einem Fußtritte geöffnet hätte. Durch eben diesen Stoß wurden sie aufmerksam. Mein »hands up« beantworteten sie gleich mit umgedrehtem Bajonett.

Was nun folgt, ich weiß wirkich nicht, ob es fünf Sekunden oder fünf Minuten gedauert hat. Man denke, als Grüner auf einmal mitten drin, einer gegen zwei. Wie es kommt, weiß ich nicht, die Gefahr läßt mich immer das Richtige wählen. Ich springe in eine Ecke, halte mein Bajonett vor und brülle:

»Hierher, hierher, Kameraden!«

Meines baldigen Heldentodes war ich mir ganz gewiß. Die Zwei drangen auf mich ein, mit einem Auge zu mir, mit dem anderen zur Türe schielend. Die Tür war vielleicht meine Rettung; denn während sie noch zur Türe schielten, sahen sie mich, ich glaube, ich habe es auch erst nach dem Fall bemerkt, wie sich ein Infanterist über die Mauer schwingt und im Sprung abwärts dem einen sein Bajonett mehr von oben in den Hals wirft als stößt.

Der Zweite entwischt durch die Türe, um sich draußen erwischen zu lassen. Der Infanterist aber flucht auf gut schwäbisch. Er hat den Engländer am Bajonett hängen. Der sinkt um, verdreht furchtbar die Augen. Sein Peiniger will sein Gewehr wieder frei bekommen, biegt es gewaltsam um und bricht das Bajonett ab. Ein furchtbares »Aaaahhh!«, und das Opfer ist schon jenseits aller Schmerzen. Ich aber muß eine furchtbare Flut von Schimpfwörtern über mich ergehenlassen, daß ich den anderen hätte laufen lassen. Irgendwelchen Dank oder eine Entschuldigung ließ mein Lebensretter nicht gelten. Ich war zornig über mich selber, - nun ja - mir fehlte noch jede Routine. Ich war aber so ärgerlich über mich selbst, daß ich in dem Augenblick wenigstens wünschte, totgeschossen worden zu sein. Mit Berserkerwut stürzte ich wieder auf die Straße, aber für mich gab es nichts mehr zu tun, ich mußte bei unserem Patentapparat bleiben, der in der Zwischenzeit alles »unter sich« gemacht hatte. Und wie furchtbar, wenn dieses schreckliche Kriegsgeheimnis in die Hände des Feindes gefallen wäre. Hohnlachend fragten uns die Infanteristen, ob wir die Straßen teeren wollten. Und so will ich mich beeilen, diese meine erste Kriegsepisode zu beenden. Nachdem man sich auch höheren Ortes überzeugt hatte, daß unser Patent noch nicht kv wäre, beendete man diese unsere glorreiche Tour und schickte uns wieder mit Sack und Pack nach der Heimat.

Es war auch Zeit; denn mittlerweile war es November geworden, und das Wetter war nachgerade sehr ungemütlich. Es gibt nichts auf der ganzen Welt, was einen mehr bedrücken kann, als der ewige flandrische Sprühregen.

Die Lorbeeren, die wir daheim ernteten, standen im umgekehrten quadratischen Verhältnis zu unseren Leistungen. Ich trug doch jetzt schon Feldgrau. Dem Dreck hatte ich feste nachgeholfen, und als ich das erste Mal von Köln nach Bonn mit der Uferbahn fuhr, habe ich mir den einen Arm selbst verbunden; das habe ich getan - um Fahrgeld zu sparen. Verwundete hatten Freifahrt.

Ich kam jetzt in eine Ersatzkompanie, die beste, die es im ganzen Bataillon gab. Daheim waren nur ganz wenige, die schon Pulver gerochen hatten, und diese waren hoch angesehene Leute und wurden zu der Zeit wenig mit Dienst »belästigt«. Unser Hauptmann war ein wirklich guter Mensch, und der Feldwebel war zu gut.

Morgens, wenn es noch tief dunkel war, mußte die Kompanie antreten.

»Abzählen!«

Das Abzählen ergab immer an die 150 Mann. Wenn die Kompanie aber dann zum Tore hinauszog, konnte ein Blinder mit dem Stock fühlen, daß es keine 90 mehr waren. Das ging dann so zu: sobald abgezählt war und es hieß: »Kompanie formiert«, dann mußten wir von hinten einen Halbkreis machen, Abkommandierte, Kranke links raus, und dann rannten und huschten die Gestalten; aber noch ein bissel weiter als links heraus, dorthin, wo das Sch--- Haus war. Dort nahmen sie Deckung gegen Sicht, bis der böse Feind, nachdem die Kompanie abmarschiert, verschwunden, und in der Dunkelheit schlüpfte einer nach dem anderen zum Tor hinaus ins Städtchen; oder was »wir Alten« beinahe noch vorzogen, wir huschten leise, 3-4 Stufen auf einmal nehmend, wieder auf unsere Stube.

Geliebte Stube 136! Du warst ein Idyll. Ganz hoch, zu allerhöchst! Große Kisten, die Öffnung seitlich, immer drei aufeinandergestellt, waren unsere Fallen. Wir hatten oben die beste Luft und die größte Ruhe. Ruhe vor dem Unteroffizier vom Dienst und vor dem Feldwebel, denen die vielen Treppen wohl auch zu viel waren. Nur hielten wir auf strenge Manneszucht, d.h. abwechselnd mußte in der Sperrzeit immer einer von uns »Wache schieben«, d.h. dauernd durchs Schlüsselloch spähen, ob jemand die Treppe heraufkam. Kam ein Verdächtiger: »St st st!«, und wie die Mäuse in die Löcher verschwanden die Pioniere in die Spinde. Jawohl, darin hatten wir mit der Zeit eine großartige Fertigkeit erworben. Das Verschwinden in die Spinde wurde exerziermäßig geübt.

»Rin in die Spinde, raus aus die Spinde!«

Wenn alles beim schönsten Skatkloppen war, habe ich meistens auf meiner Kiste auf dem Rücken gelegen und gelesen. Wenn der Posten etwas meldete, war jedes Lebewesen mit einer Hurtigkeit von Null-Komma-Nix von der Bildfläche verschwunden. Das ging lange gut, bis auf einmal ein Unteroffizier kam, der gerade so war wie wir.

Der Hauptmann, der seine Kompanie fast gar nicht oder höchst selten belästigte, besuchte doch mal diese auf dem Übungsplatz. Er läßt sich melden: 156 Mann.

»Was, das stimmt doch im Leben nicht, das sind doch keine hundert!«

Er läßt antreten, abzählen, und siehe, statt 158 sind es nur 89. Der Hauptmann kommt nach Hause und läßt den Feldwebel rufen. Der meldet auch 158 Mann. Ja, wo stecken denn die Leute?

Verärgert läßt er den Feldwebel stehen. Der ärgert sich noch mehr, ruft den Unteroffizier vom Dienst. Mit dem klopft er das Revier ab, alle Stuben, mit ganz gutem Erfolg. Zu uns kamen sie zuletzt und wurden rechtzeitig avisiert. Alles verschwindet vorschriftsmäßig in die Spinde. Grabesstille. Der Unteroffizier vom Dienst kriecht über alle Betten und schmeißt gar die Strohsäcke rum. Der Feldwebel will schon gehen, da springt der Unteroffizier runter von den Betten, wittert in der Luft rum, geht auf einen Spind zu, wo sich das Handtuch zwischen die Tür geklemmt hat, zieht an dem Zipfel, die Tür gibt nach, der drinnen steckt, zieht schnell wieder zu und, oh alte Burschenherrlichkeit, aus war es mit unserer Kunst. Die anderen Schränke hat der Unteroffizier gar nicht mehr geöffnet.

»Raus, ihr Schweinehunde!« und einer nach dem anderen mußte sich ergeben. Wir mußten zunächst nach unten und dann von oben bis unten die ganze Kaserne putzen. Darob großes Erstaunen, als die Kompanie heimkommt. Da war ein Feldwebel Schula, eine schlitzäugige, schmächtige Mongolengestalt. Er hat von mir den schönen Beinamen Swatopluk bekommen. Im Vorbeigehen fixiert er mich:

»Wie lange sind Sie schon bei der Kompanie? Ich habe Sie noch nie gesehen!«

»Vier Wochen, seitdem ich von der Front zurück bin.«

»So, verwundet?«

»Nein, Herr Feldwebel!«

»Warum machen Sie keinen Dienst?«

»War stets abkommandiert.«

Da strich er vorbei und mir schwante nichts Gutes und mit mir der ganzen Stube 136. Gewitterschwüle lastete über uns den ganzen Tag. Des Abends, als wir beim Abendbrotfassen sind, springt die Tür auf, und herein tritt der Feldwebel mit dem Unteroffizer vom Dienst.

»Wo ist der Pionier Koufen?«

»Hier!«

»So, Sie wollte ich mir mal ansehen. Vier Wochen bei der Kompanie und noch keinen Dienst gemacht. Sie verlassen nicht mehr die Stube. Morgen beim Sonntagsappell melde ich die Sache dem Herrn Hauptmann. Und ihr anderen, ihr erfreut euch von jetzt ab meiner besonderen, liebevollen Aufmerksamkeit.«

Au Backe, jetzt war es zappenduster. Nichts ist schlimmer für den Soldaten, als sich der besonderen Aufmerksamkeit seiner Vorgesetzten zu erfreuen.

Feldwebel F. war wirklich eine Seele von Mensch: aber das war auch für ihn zu stark. Nichtsdestoweniger war ich eine halbe Stunde später auf der Schreibstube und bat, mich beim nächsten Schub wieder ins Feld gehen zu lassen.

»Soso, nachdem Sie hier noch gar nichts gelernt haben!«

»Was man hier lernt, kann man draußen nicht verwerten. Im Felde lernt man mehr an einem Tage als hier in sechs Wochen. Wenn ich eingesperrt worden bin, Herr Feldwebel, bin ich als Soldat nichts mehr wert. Ich hoffe, draußen schnell wieder meine Opinion herzustellen. Lassen Sie mich raus, Herr Feldwebel.«

»Sie haben mich zum Gespött der ganzen Kompanie gemacht. Strafe muß sein, ich kann Ihnen nicht helfen.«

Damit war ich entlassen. Wenig Trost, und dennoch vermochte ich nicht, an der Güte dieses Mannes zu verzweifeln. Der Sonntag kam.

Um elf Uhr sollte der Appell sein. Es geht immer näher auf elf Uhr zu. Mir würgt es im Halse, ich hätte sofort desertieren mögen. Jetzt ist es elf Uhr. Fünf Minuten nach, zehn Minuten nach elf. Wir stutzen alle, eine Viertelstunde nach elf Uhr kommt der Unteroffizier vom Dienst.

Aha, jetzt holt er den Delinquenten. Ich bin auf einmal unheimlich ruhig.

»Kommen Sie mit!«

Vor der Türe erst, während wir die Treppe hinabsteigen, eröffnet er mir, ich solle mich mit sechs Kochgeschirren bewaffnen und das Essen für die Wache nach dem Landübungsplatz bringen. Meine Schwester könne mich ja begleiten.

- Meine Schwester? Ich war begriffsstutzig geworden. Dann, mitten auf der Treppe, bin ich stehengeblieben, habe die Hacken zusammengeknallt:

»Herr Unteroffizier, ich danke Ihnen, wie für mein Leben!« Donnerwetter, ich wäre ihm beinahe um den Hals gefallen. Dafür habe ich ihm später an Höhe 104 das Leben gerettet.

Unten stand meine Schwester. Kaum war ich mit ihr hinaus, da brüllt's durchs ganze Haus:

»Raustreten! Waffenappell!«

Zum Landübungsplatz

Unterwegs hat mir mein viel jüngeres Schwesterchen eine schwere Moralpredigt gehalten. Sie habe gleich zu mir hinaufgehen wollen. Da habe der Unteroffizier sie angehalten und zur Schreibstube geführt. Der Feldwebel habe ihr so viel Gutes von mir erzählt, daß sie habe anfangen müssen zu weinen. Es seien echte Tränen gewesen.

Und unter Tränen habe sie ihm gesagt, daß ich immer die Hoffnung der ganzen Familie gewesen sei. Und daß sie sich nun alle meiner schämen müßten. Und da habe er sie getröstet. Weil er an seinen eigenen leichtsinnigen Jungen dächte, habe er mir schon verziehen und für mich einen Ausweg ersonnen, so daß sein Renommee in der Kompanie gewahrt bliebe. Aber die Vorraussetzung sei, daß ich die schwere Scharte auswetze.

Der Feldwebel hat sich und mich famos aus der Schlinge gezogen. Beim Appell hat er laut nach mir zu allererst gerufen.

»Herr Feldwebel« meldet der Unteroffizier D. vom Dienst, »ich habe ihm schon Druck verschafft. Er ist Essen tragen nach dem Landübungsplatz.«

»Behalten Sie ihn streng im Auge!«

Damit war der Gerechtigkeit schon mal erste Genugtuung geschafft. Nach dem Landübungsplatz waren es gut drei Stunden hin und zurück, und sonst konnte man es immer als eine gewisse Strafe betrachten, dahin abkommandiert zu werden. Diesmal war mir die Strafe sehr willkommen.

Also hinaus zum Landübungsplatz über die endlosen Wiesen. Ich erzähle meiner Schwester, wie in den ersten Wochen meiner Ausbildung wir immer hier an zahllosen Herden von Kühen und Ochsen vorbeigezogen sind. Wie wir sehen konnten, daß an jedem Morgen neu, hier und dort, ein Stück umgekippt und tot manchmal alle vier Beine in die Luft streckte, wie viele Kühe des Nachts über im Freien gekalbt hatten. Wie sie brüllten, weil sie nicht gemolken wurden. Wie wir in der Kaserne zu dieser Zeit fast totgefüttert wurden. Das Vieh hat man alles aus dem Grenzbezirk requiriert, und hier ist es elend umgekommen. Kein Wunder, daß ein bis zwei Jahre später das Rheinland so bittere Not leiden mußte, schlimmer als irgendwo sonst in Deutschland. Zur Zeit ging es noch ganz gut, den Soldaten besser als den Zivilisten.

Wir waren doch die Helden des Tages. Wenn wir mal ausgingen, des Abends oder sonntags ins Café, hatten wir meist halbe Preise. Auf unseren Übungsmärschen haben sich die Bauernfrauen mit Kaffee und Butterbroten vor die Tür gestellt. Wenn wir singend durch die Gegend zogen: »Wie so manches Mutterherz hört nimmer auf zu weinen, weil ihr liebster Sohn im Feld begraben liegt«, da sah ich manche alte Frau sich mit der Schürze über die Augen wischen.

Nach jenem kritischen Sonntag war ich am anderen Morgen sozusagen als erster zur Stelle. Und ich habe mir redlich Mühe gegeben, solange es ging. Aber wo ich mich mal unauffällig drücken konnte, da hab ich das getan. Schönebeck hat mich verführt.

Wir waren beim Pontonieren. Auf einmal beobachtete ich, wie Walter Sch. ganz gelassen über den Platz weg zur Pontonhalle schreitet, gleich zu Anfang der Übung. Er tat so, als ob er da oben etwas zu besorgen habe. Und da viele herumliefen, fiel es gar nicht auf. Kurz vor Schluß der Ewigkeit, als wir abbauten, tauchte Walter wieder auf.

»Wo warst du denn?«

»Mhh, was geht's dich an?«

Das war mir Antwort genug. Den nächsten Tag, als er es wieder so macht, schleiche ich ihm nach. In der Pontonhalle war eine Kantine. Dort lenkte er seine Schritte hin und kam gleich wieder hervor. Dann schritt er zwischen den Pontons durch, ich geräuschlos wie eine Katze hinterher. Auf einmal ist er verschunden, als ob ihn der Boden verschluckt hätte. Ich gehe noch eine Strecke weiter bis zu ungefähr dem Punkt, wo ich ihn zuletzt gesehen. Da sehe ich noch gerade seine Hinterflossen unter einem umgekippten Ponton herauswinken. Ich krieche schleunigst hinterher:

»N'Tag, Walter, ich will dir ein bißchen Gesellschaft leisten.«

»Na, dann komm schon rein!«

Auf die Querstange setzten wir uns in gebückter Haltung, weil wir sonst mit den Köpfen oben anstießen, und als Kapitalvergnügen tranken wir zwei Flaschen Bier, die Walter vorher schon in der Kantine geholt hatte. Für mich war es ein komisches Vergnügen, für das ich in der Zukunft gerne dankte. Warum ich es überhaupt getan, mich hier gedrückt, kam wohl deshalb, weil ich es unter meiner Würde achtete, da ich doch schon »im Felde gewesen«, mich noch wie ein Rekrut schinden zu lassen. Ich wagte es wieder, um meine Versetzung zur Front einzukommen - und erreichte damit gerade das Gegenteil. Schließlich waren alle meine Genossen von der Stube 136 schon fort, und ich blieb alleine retour - weil ich einen Herzfehler habe. Da habe ich aber doch lachen müssen. Vielleicht hat mir bei der Untersuchung der Magen geknurrt.

Am zufriedensten war ich immer noch, wenn ich Wache schieben durfte. Da draußen auf dem Landübungsplatz. Dabei habe ich mir den Feldwebel Schula, der mittlerweile Offizierstellvertreter geworden war, zum Feinde gemacht.

Ich stehe des Nachts auf Posten, weil's regnet, im Schilderhäuschen. Da greift aus der Finsternis eine Hand blitzschnell nach meinem Gewehr. Feldwebel Schula steht vor mir:

»Was wollen Sie jetzt machen, Sie - «, bums, da hatte er einen Tritt vor dem Bauche, daß er da lag wie ein geschossener Hase.

»Gebt die Parole!« schnauzte ich ihn an. Er gibt sie und nennt seinen Namen. Ich hatte ihn ja gleich erkannt, stellte mich aber sehr bestürzt. Ich half ihm nur mit einem Arm auf die Beine, während ich das Gewehr festhielt; denn das durfte ich nicht fahren lassen, das wäre Grund gewesen, mich zu bestrafen.

Ich hatte richtig gehandelt. Er konnte mir nichts anhaben; aber: Diese Lektion ist ihm von allen gegönnt worden, und vom Unteroffizier der Woche bekam ich ein Lob. Aber was anderes hatte ich damit erreicht, ich durfte noch fünf Tage in Urlaub und dann wieder zur Front. Am 2. Weihnachtsfeiertag 1914.

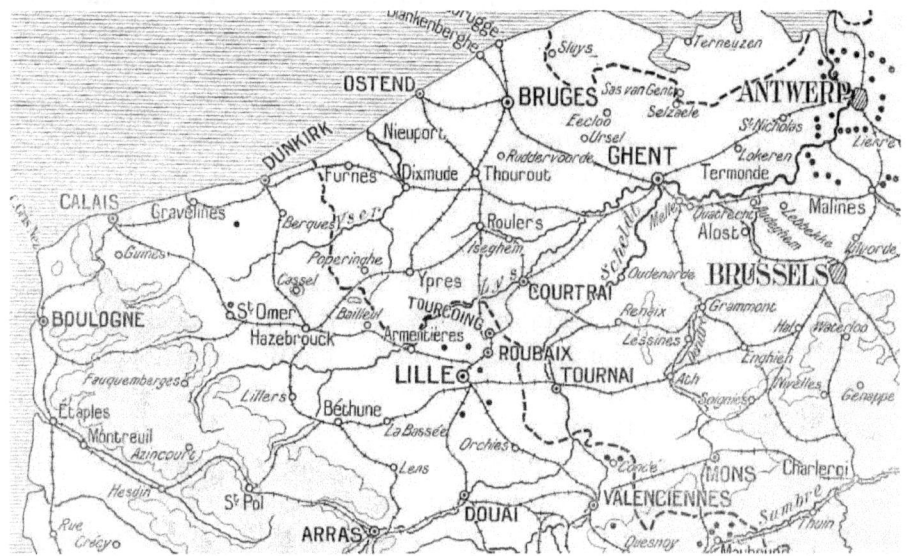

Quelle: Times (London, England) Times history of the war. v. 1-22 (pts. 1-273) London, "The Times" [1914]-21

Belgien und Nordfrankreich im Jahr 1914

Es wird Ernst

Auf der Heide

Diesmal wurde es ernst. Meine Mutter fuhr am letzten Morgen mit bis Köln. Wir gingen gerade am Dom vorbei. Da fuhr meine Elektrische.

»Adieu, Mamma!« Küsse sie schnell auf der Straße und stürme im Laufschritt auf die Elektrische. Wozu sich lange quälen, und das verhärmte Gesicht der Mutter konnte ich schon gar nicht mehr ansehen.

Um elf Uhr standen wir marschbereit, um zwei Uhr setzten wir uns in Bewegung, feldmarschmäßig, und rings um den Affen baumelten die Liebesgabenpaketchen. Ach, wie schwer! Na, die halbe Stunde bis zum Bahnhof, dazu noch mit Musik, das wollte man schon aushalten. Zu meinem gelinden Entsetzen war auch mein geliebter Feldwebel schon mit von der Partie. Bis zum Bahnhof geleitete uns die Musik. Dann schwenkte sie ab, und wir zogen haarscharf am Bahnhof vorbei.

Ja, du liebe Zeit, wo geht's denn mit uns hin? Kein Mensch wußte was. Man tat sich wichtig, dies geheim zu halten. Warum, das alles sollten wir später erfahren. Wir zogen statt westlich östlich von Köln hinaus.

Es war ein trüber nebliger Wintertag. Weil wir alle allzu schwer beladen waren, besonders durch die Liebesgaben, trugen wir alle schwer daran. Eine Stunde, zwei Stunden, ohne Pause... Die Angehörigen waren alle schon zurückgewiesen worden, so daß niemand mehr Erleichterung hatte. Die sonst braven Schulbuben machten sich ein Vergnügen daraus, uns das Gewehr oder ein Paket tragen zu dürfen. Dieser Marsch war der schwerste, den ich je gemacht. Heute noch könnte ich die Wut kriegen, daß ich unter anderem auch eine vier Pfund schwere Cervelatwurst mitschleppte, die mir dann auch prompt zwei Wochen später in der ersten Nacht im Felde geklaut wurde.

Nachdem wir etwa vier Stunden gewankt und geschwankt, endeten wir abends auf dem Schießplatz Wahn. Keiner konnte sich daraus einen Vers machen. »Wahn mit seinem dicken Sande!«

In ein paar schmutzige Baracken wurden wir hineingelegt. Nächste Nachbarn: gefangene Engländer, Franzosen und so weiter.

»Ja, das ist darum«, belehrte ich die anderen, »daß ihr euch erstmal an den Anblick des bösen Feindes gewöhnt!«

Die Unterkunft war beinahe kriegsmäßig. Mit Grauen denke ich noch an die erste Nacht. Ich schlief auf einer Pritsche im 2. Stock neben einem Treinsoldaten. Donnerkiel, konnte der Kerl stinken, ohne Unterbrechung, stundenlang! Wenn er aber die Decke ein wenig lüftete, war es direkt mörderisch.

Wir rechneten nun höchstens auf ein bis zwei Tage Aufenthalt. Statt dessen sind es acht geworden und nachher nochmal acht Tage im Bürgerquartier.

Am anderen Tag wurde uns ein Licht aufgesteckt. Zunächst stellte sich uns unser Leutnant vor. Eine große, sehnige Gestalt. Er war schon leicht verwundet gewesen. Er nahm uns mit auf den Exerzierplatz.

»Kinder«, sagte er, »ihr habt eine ganz besondere Aufgabe. Zunächst habt ihr mal über alles, was hier vor sich geht, unbedingt das Maul zu halten. Ihr steht deswegen schon unter Kriegsgesetz. Also, wir zusammen, wir wollen die Franzmänner an der Westfront aus ihren tiefen Löchern hinausräuchern. Wie das geht, wird euch jetzt gezeigt. Nochmals, es ist ein Kriegsgeheimnis, und keinem Menschen, weder Vater noch Mutter, dürft ihr was erzählen.«

Wir wurden also tief in die Heide geführt. Dort standen bei ein paar Autos eine Reihe Offiziere und Zivilisten. Uns stellte man in einen aufgeworfenen Schützengraben. An der Wand desselben lehnten Flaschen, wie Kohlensäureflaschen.

In den Flaschen war keine Kohlensäure, sondern Gas. Flüssiges Gas. Chlorgas.

Wenn ich noch drandenke, wie harmlos war dieses Gas im Verhältnis zum abscheulichen Blaukreuz, das viel später aufs Tapet kam. Versuchshalber sind wir oft ohne jeglichen Schutz hindurchgelaufen, und nur die allzu Dreisten spürten ein wenig Beißen im Hals oder in der Nase und an den Augenlidern. Ein paar Hammel, Ziegen, ein Hund und ein paar Gänse wurden festgestellt, um eine Gaswolke darüber streichen zu lassen. Die Gänse schnatterten ruhig weiter, der Hund fing an zu winseln, und die Hammel husteten, aber alle erholten sich schnell.

Das Gas blieb in jeder Bodenvertiefung hängen, senkte sich in die Löcher, und Kaninchen haben wir eine ganze Menge gezählt, die aus ihrem Bau stürzten und aufgeregt umherrannten. Also direkt tot blieb damals kein Lebewesen. Nur die Flora, Gras und Bäume, bekamen ein widerliches Aussehen, sah wie verbrannt aus; aber husten mußten wir von da an alle, und ich huste heute noch, weil, wie die Ärzte meinen, mir jenes

Gas sämtliche Schleimhäute im Hals, in der Nase und an den Augen zerstört hat.

Es wurde uns von da an verboten, ohne Schutz durchs Gas zu gehen. Wir bekamen ein Päckchen mit Putzwolle, um es bei Gas vor den Mund zu halten. Auch hatten wir die Hantierung mit dem Sauerstoff-Dräger-Apparat erlernt. Aber mit dem Umhang konnte man nicht richtig arbeiten, und ich habe ihn nie angelegt.

Ca. acht Tage dauerte unsere Zeit auf der Heide, und dann gab es wiedermal ein geheimnisvolles Getue und statt nach dem Westen zu, verduftete unsere Kompanie eines Sonntagmorgens nach Osten hin über die Heide. Die sah auf der anderen Seite bedeutend schöner aus. Direkt das Gegenteil.

Ich war übrigens nicht beim Gros der Kompanie. Meine Gruppe war mit unserem Unteroffizier zurückgeblieben, weil wir einen Kameraden an die Kommandantur abliefern mußten. Dessen Schwester war zu Besuch gekommen und hatte einen Unteroffizier nach ihrem Bruder gefragt. Der Unteroffizier nahm das ahnungslose Kind mit und versuchte, es auf seiner Stube zu vergewaltigen. Sie hat sich aber losgerissen und dabei ihr Kleid zerrissen. Als ihr Bruder das hörte, nahm er seinen Karabiner, ohne ein Wort zu sagen, über die Schulter, ließ sich von seiner Schwester den Kerl zeigen und schlug ihn mit dem Kolben zusammen. Vergebens suchte unser Leutnant, den Mann frei zu bekommen und hielt uns deswegen zurück. Übrigens war jener Bandit nicht tot geblieben, und der Delinquent war nach drei Tagen wieder bei uns.

In dem Örtchen H. hatten wir ein idyllisches Privatquartier. Zusammen mit einem Polen kam ich in ein Quartier. Wir durften hier noch ein paar Tage verschnaufen. Wie schön war es dort. Es war frischer Schnee gefallen, und bis in die Nacht hinein tollten die Pioniere mit den Schönen des Ortes auf den Schlitten die Berge hinunter. Man tat uns, den morituri, alle Liebe an, die sich nur denken läßt. Jeder hatte am ersten Abend schon einen Schatz gefunden. Nur ich blieb Mauerblümchen, hockte mit dem Polen Skrobansky bei unserem freundlichen Wirt.

Skrobansky verstand kaum drei Worte Deutsch, und ich habe gleich meine pädagogischen Sprachstudien mit ihm aufgenommen. Für ihn kam kein Mädel in Frage, weil er sich nicht mit ihr unterhalten konnte. Und für mich - ja nun - mir war die Zeit zu ernst. Wer lacht da! Ich war noch nicht in meinem Leben, abgesehen von einer kurzen Küsserei, einem Mädchen näher getreten und gedachte auch noch die letzten paar

Tage rein zu bleiben. Mein Wirt beliebte, mich wegen meiner Zurückhaltung zu verulken.

Ich stehe ein paar Tage später abends mit ihm auf der Straße. Ein richtiges deutsches Gretchen mit blonden Zöpfen und blanken, blauen Augen schreitet vorüber. Die halb bewundernden, halb neckischen Blicke meiner Kameraden fängt sie nicht auf.

»Sehen Sie, sie paßt zu Ihnen, die kuckt so wenig den Burschen nach wie Sie den Mädels«, sagt mein Wirt und zur Antwort mache ich links schwenkt marsch und folge der schönen Spur und bitte, meine Begleitung anzunehmen. Sie sieht mich nicht unfreundlich von der Seite an und nickt mir zu. Zu ihrem Großvater wollte sie auf den Berg, immer durch den dunklen Wald. Eine eigentümliche Unterhaltung habe ich mit ihr geführt, indem ich ihr verriet, daß ich nicht so sehr ihretwegen ihre Gesellschaft suchte, als vielmehr meinetwegen, weil man mich am Ende für zu wenig mutig halte, mit dem schwachen Geschlecht anzubinden. Darum, um das Gegenteil zu beweisen, habe ich mir gleich den schwierigsten Fall ausgesucht, und nun sei ich einmal hier und bäte sehr dezent um einen Kuß, und es würde gewiß der letzte überhaupt in meinem Leben sein, wenn ich, was doch gut möglich wäre, demnächst den Heldentod stürbe. Und da habe ich sie fest umschlungen und sie mich - und ich floh verwirrt wieder bergab.

»Pioniere sind stets munter!« klang es morgens gegen sechs Uhr in meine Träume.

»Skrobansky, Skrobansky, nochmal, auf, auf, auf! Hörst du nicht?« Was war nur, die Kompanie war am Abmarschieren! So früh!

»Skrobansky, hast du gestern nicht richtig gehört? Du warst doch beim Appell!«

»Bin ich gewesen dreimal dort. Hat sich gesagt Unteroffizier sieben Uhr wecken!«

Haben wir da schnell gemacht. In knapp zwei Minuten waren wir auf der Straße, rennen hinter der Kompanie her. Es ist noch stockdunkel. Erreichen die Kompanie am Bahnhof. Verladen sollten wir werden. Ein langer Zug stand da. Und vor dem Zuge setzten wir die Gewehre zusammen. Wohin - wie - wo - was, weiß niemand. Ein bissel später kam unser Quartierwirt mit der heißen Kaffeekanne nachgerannt. Wir konnten dann doch in aller Gemütsruhe Kaffee trinken. Wir warteten erst eine Stunde, dann zwei Stunden. Schließlich hatte das ganze Städtchen sich am Bahnhof eingefunden. Endlich durften wir einsteigen und blieben noch eine weitere Stunde auf dem Gleise stehen.

Ich lehne mich gelegentlich ans Fenster. Was sehe ich da? Ein würdiger alter Herr mit seinem Kaiser-Wilhelmsbart, und neben ihm sein Töchterchen mit einem Paketchen und einem reizenden Winterstrauß. Sie hat anscheinend auch schon nach mir gespäht, sieht mich, freudig erschreckt, kommt auf mich zu und überreicht mir alles mit der Bitte um ein Lebenszeichen. Einen Moment ist es, als ob die Aufmerksamkeit der ganzen Umgebung auf uns beide sich lenkt, und jäh errötend tritt sie zu ihrem Herrn Papa zurück. Ich weiß gewiß, daß ich in dem Augenblicke von vielen beneidet wurde. Ich war sehr glücklich.

Foto: Tellgmann, Attribution: Bundesarchiv, Bild 146-2004-0065 / Tellgmann / CC-BY-SA

Waldunterstand IR 25 im Westen

Das Reguläre Frontschwein

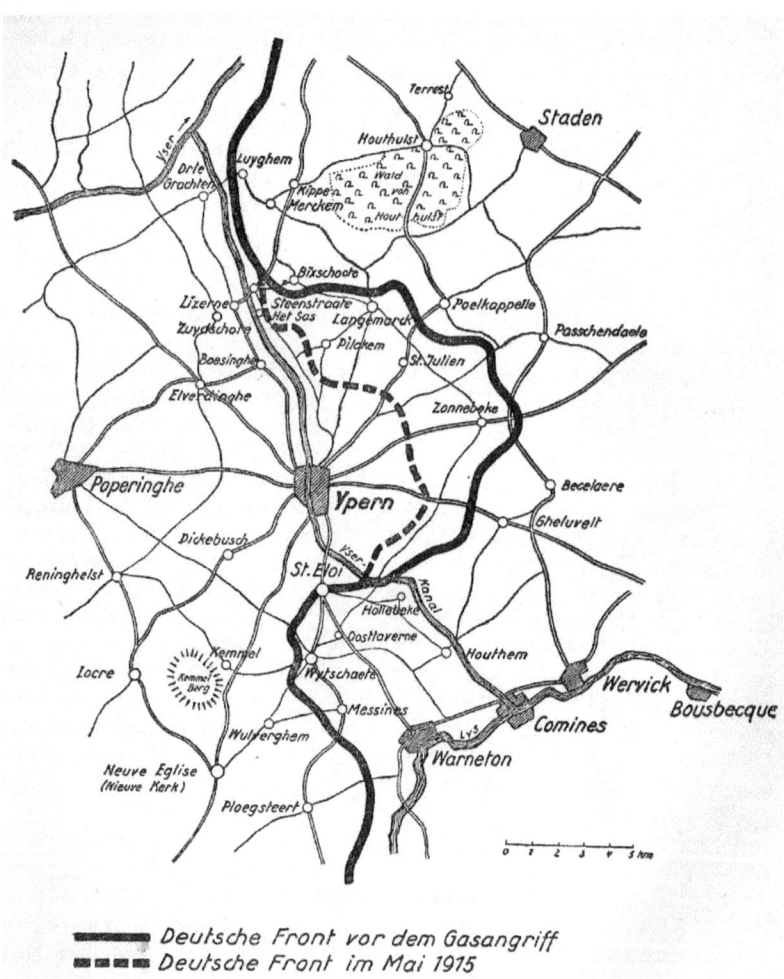

▬▬ Deutsche Front vor dem Gasangriff
▪▪▪▪ Deutsche Front im Mai 1915

Quelle: Autor: Unbekannt aus Gustav Stoffleth: *Geschichte des Reserve-Jäger-Bataillons Nr.18*; Berlin 1937, Verlag Bernard & Graefe, 525 Seiten

Karte des Ipernbogens

Im Schlammloch

Ferbesthal - Lüttich - Oudemarde - Menin - Gheluwe - Ipern - Geluvelt

Zu meinem stillen Glück paßte keineswegs der Lärm, der alsbald nach Beginn der Fahrt anhub. Als wir gar durch Köln fuhren, sollte man meinen, wir führen zu einem großen Jahrmarkt. Schlimmer johlten die Gassenbuben nicht. Pfeifen, dauerndes schrilles Pfeifen durch die Finger. Ein Brüllen. Ich habe vor lauter Ekel mich in eine Ecke des Abteils verkrochen. Nota bene, wie sich später herausstellte, waren die schlimmsten Lärmmacher an der Front die geducktesten. Oh, es war abscheulich. Froh war ich, als wir endlich auf die freie Strecke kamen.

Nachts passierten wir Ferbesthal und bekamen dort Atzung. Ein Liter Kaffee, ein Stück Brot und ein Stück Speck. So, das sah schon kriegsmäßiger aus.

Gegen Morgengrauen passierten wir Lüttich. Die Helden waren alle enttäuscht, so gar nichts vom Kriege noch entdecken zu können. Auf ihr Pfeifen und Johlen reagierte hier niemand mehr wie in Köln. Statt dessen machte uns ein Belgier, noch im Schlafgewand, von seinem Fenster aus die Gebärde des Halsabschneidens. Nun wißt ihr, Lausbuben, daß ihr im Feindesland seid. In Oudemarde wurden wir ausgefrachtet.

»Ist hier schon die Front?« fragte einer den anderen. Nein, zur Front kamen wir noch nicht; sondern in eine schmutzige, total verlauste belgische Kaserne. Da blieben wir, Gott sei Dank, nur einen Tag, und dann ging's wieder zum Bahnhof. Die Belgier amüsierten sich, da am Ende der Kompanie ein paar richtige Dreikäsehoch den Schluß bildeten.

Und nochmal einige Stunden Bahnfahrt, und dann kamen wir nach Menin.

Dort sah schon alles viel kriegsmäßiger aus. Alles wimmelt von Feldgrauen. Von Menin aus durften wir noch zwei Stunden marschieren und waren dann an unserem Bestimmungsort. Gheluwe, ca. 15 km hinter der Front. Na, den immer Wißbegierigen roch es hier auch noch nicht nach Pulver. Es sah aber verdammt scharf schon nach Krieg aus. Da kamen abgelöste Truppen aus der Stellung. Über die Stiefel, bis weit über die Knie, hatten sie sich Lumpensäcke gebunden. Alles war dreck- und schlammstarrend. Waren das Soldaten oder Erdarbeiter? In ihren Manchesterhosen sahen sie aus wie Italiener. Mir stach das böse in die Augen.

Allmählich gingen manchem die Augen auf. Wir wurden auf einzelne Häuser verteilt. Zu 50 Mann kamen wir in eine Wirtschaft zu liegen. Man denke, zur Winterzeit, im Januar auf die blanken Fliesen. Nichts drunter, und die erste Nacht auch nichts drüber! Der Übergang war für meinen Geschmack ein bißchen kraß. Na, ich war doch schon einer von den Feldgewohnten und dachte es so zu machen, wie zwei Monate vorher. Nicht weit vom Dorfe ab stand eine Scheuer. Ob da nicht ein bißchen Stroh zu erwischen war? Ich schlich mich hin. Ja, Kuchen - ein Posten ruft mich an. Ich gehe auf ihn zu.

»Was suchst du hier?«

»Stroh!«

»Geht nicht, ist verboten!«

»Du brauchst ja nicht hinzusehen!«

»Geh nur wieder weg; es nutzt dir nichts!«

Na denn nicht, liebe Tante, und ich schlendere wieder ab, mache einen weiten Bogen und schleiche mich um den Posten richtig kriegsmäßig, krieche unter dem Tor weg in die Scheuer und finde - Hanf. Drei Bündel habe ich mir mitgeholt und schlich damit davon, unbemerkt vom feindlichen Posten. Und von den 50 war ich der einzige, der einigermaßen geruht hat diese Nacht. Des Morgens - ein allgemeines »Ah« der Verwunderung über mich. Ich verriet ihnen gerne, wo ich mein Stroh herhatte, und den nächsten Abend schliefen sie alle besser.

Es ist in jenem Lande nie eisigkalt. Der Winter ist dort nur ein einziger Sprühregen, und unsere Kleidung wurde nie trocken.

Am anderen Tage erhielten wir dann pro Kopf und Nase zwei Decken. Armselige Dinger, so dick wie Handtücher. Wir hatten einstweilen noch Muse, uns einzurichten. Vom Schlachtenlärm wurden wir gar nichts gewahr. Ich wurde neugierig und überredete Bzdick, mit mir einen Spaziergang zu machen, frontwärts. Er ging mit.

Wir spazierten eine Stunde weit auf der Straße nach Ipern. Es war noch hell, und kein Mensch begegnete uns. Ab und zu mal ein ferner Schuß. Wir kamen bis an eine Reservestellung, die vielleicht fünf km hinter der Front war; aber kein Mensch war zu sehen, auch sonst gar wenig vom Kriege.

»Na«, sage ich zu ihm, »hier scheint nicht viel los zu sein«, und trat mit ihm den Rückzug an, zumal es schon dunkel wurde. Jetzt kam auch allmählich mehr Schießlärm auf, und als ein paar Artillerieschüsse krachten, haben wir Fersengeld gegeben, und nach eineinhalb Stunden im Quartier belauschten wir von ferne den schönsten Schlachtenrummel.

Im Schlammloch

Am nächsten Tag wurde ein Zug unserer Kompanie zur Aufräumung der Schlachtfelder kommandiert. Sie zogen ab in die Nacht, bekamen zwei Verwundete und erzählten am anderen Morgen bei der Rückkehr Schauermärchen. Zwei Leiterwagen voll Tote hätten sie aufgelesen und begraben.

Na, und dann war ich am nächsten Abend schon mit von der Partie. So ein Marsch nach vorne in so einer regnerischen, flandrischen Nacht ist ein Stück bis heute noch ungepriesenes Heldentum. Ich war ja selbst Pionier, und wenn ich von unserer verschwiegenen, schweren Nachtarbeit zu viel schreibe, dann sieht es aus, also ob ich mich selbst loben wollte.

Von Gheluwe zogen wir die direkte Straße nach Ipern bis an eine Wegkreuzung, wo es rechts nach Becelaire und geradeaus nach Geluvelt führte. Unsere Führung wußte anscheinend noch nicht recht, welchen Weg sie einzuschlagen hatte.

Da geschah es, daß wir von ferne ein Rauschen hörten, das mit einem lauten Knall von ca. 500 mtr seitwärts kam und hoch in der Luft endete. Unser ganzer Trupp flüchtete seitwärts - auf einen Misthaufen. Ich hatte die Hände recht tief in den Hosentaschen und konnte deshalb keine großen Sprünge machen. Es war wirklich ganz ungefährlich, aber die Großmäuler waren schon alle verstummt, und schweigend traten wir den Weitermarsch an. Rauchen verboten!

Und kaum sind wir eine Viertelstunde unterwegs, lautlos, da schreit am Ende einer auf. Wer kann da schon getroffen sein! Es soll jemand bei dem Armen bleiben und ihn zurückbringen - und wir weiter. Wer ist's denn? Der Müller, der Dreikäsehoch der Kompanie. Und wer bleibt bei ihm? Werner, in Gestalt und Größe ihm ganz gleich. Na, und wo hat's ihn erwischt!? Nirgendwo.

Später hatte sich herausgestellt, daß es reinste Drückebergerei war. Und dabei abgekartet. Zieht man in Betracht, daß es trotz ihrer großen Mäuler die Kleinsten in der Kompanie waren, echte Blüten vom alten Griechenmarkt in Köln, na, ich bedanke mich jetzt schon für deren Kameradschaft in der Gefahr.

Und wie hatten sie sich auf dem Transport überall als Helden zu dokumentieren versucht! Und jetzt, noch weit außerhalb der Gefahrenzone, da kriegten sie das Herzwasser. Das konnte ja gut werden. Mit Ekel denke ich an solche Genossen. Ich hatte den Polen Skrobansky neben mir, und der war mir lieber als solche Blüten. Wir schwiegen sehr, denn allmählich wurde es doch unheimlich, Finsternis ringsum. Hier und da schon ein Baum, von einer Granate mittendurch getroffen. Einzelne Gespanne, Artilleriegroßkasten, eine Feldküche, tauchten wie Schattenbilder auf und gleiteten schweigend vorüber. Links im sumpfigen Gebüsch flackert ein trübes Licht auf. Das war ein Artillerieunterstand. Die Straße schwierig, schlüpfrig. Die Luft feucht vom allerfeinsten, allergemeinsten Sprühregen. Dann »in Reihen gesetzt, rechts um!« und im Gänsemarsch rücken wir ab von der Chaussee übers Feld.

St--St--Siu--St. Was ist das? Schwalbengezwitscher in der Winternacht? Ja, Kuchen - das sind feindliche Kugeln. Gewehrschüsse. Da vorne brodelt's! Auf diese Entfernung habe ich den eigentümlichen Vergleich: es hört sich an, als ob die Mutter daheim Fett im Kessel ausläßt.

Niemand spricht ein Wort. Auf jedem lastet der Übergang in diese plötzliche plastische Wirklichkeit.

Ich mache lieber drei Angriffe bei Tage mit, als so einen Gang in der Nacht durch Gewehrfeuer. Es ist etwas ganz Gräßliches, dieser Feind im Dunkeln. Freilich, die Kugel, die man pfeifen hört, trifft nicht mehr. Aber dieses Gepiepse und Zwitschern, dieses leise, feine, kurz vorübergleitende Singen reißt gar nicht mehr ab. Jeden Augenblick muß man denken, jetzt wirft sie dich um. Verdammt nochmal, schließlich sang- und klanglos hinzusinken, ohne überhaupt einen Feind zu sehen, noch nicht einmal mit der Waffe in der Hand! Niemand spricht ein Wort. Rauchen darf man hier auf dem offenen Gelände nicht. Nur dumpfe Gedanken brütend, stapft man vorwärts, einer hinter dem anderen.

Ein wenig besser wurde es, als wir in einem mäßigen Hohlweg, der an einem Park entlanglief, nach Manneken Ferme, kamen. Dafür bekamen wir jetzt den Schlamm. Was für ein Schlamm! Eine ganz weiche, stinkende Masse, in die wir gleich bis an die Knie hineinsanken. Da durch mußten wir waten und kamen auf ein zerschossenes Haus, in dessen Scheuer wir eintraten. Ein Kerzchen brannte hier. Auf nassem, stinkendem Stroh lagen ein paar Infanteristen hingestreckt. Die Wände wiesen zahlreiche Löcher von Gewehrkugeln auf. Wir sollten uns nur hübsch setzen, meinten die Infanteristen. Am Boden seien wir sicher. Der Feind schieße aus nur 300 mtr Entfernung, und seine Kugeln schlügen gut durch.

Inmitten seiner Getreuen stand Feldwebel Schula und tat sehr wichtig. Wir sollten zunächst mal Unterstände bauen für unsere Gasflaschen. Es wurde uns schärfstens eingeprägt, bei jeder Leuchtkugel sofort uns hinzuwerfen. Erst mal Balken nach vorne bringen. Je zwei Mann einen Balken. Das Zeug lag hinter der Scheuer. Ich bekam einen Nebenmann, den ich vorher noch nicht gekannt.

Wir standen zu zweit nebeneinander, bereit, unsere Last aufzunehmen und nach vorne zu schleppen. Da, ein Rascheln in der Hecke, ein Bums, als wenn jemand meinen Kameraden mit der Faust vor die Brust stößt:

»Au, sie hat mich gekneipt!«

Er schreit wie ein armes geschlagenes Kind, erschrocken, voll Angst. Er wankt gegen mich. Ich fang ihn auf, halte ihn und bin selbst vor Schrecken wie gelähmt.

»Der hat ein' «, sagen die Umstehenden und helfen mir, den Ärmsten in die Scheune zurückzubringen.

»Oh dieser dreimal verfluchte, heimtückische Mord im Dunkeln!«

Direkt an der rechten Seite war das Geschoß in Brustbeinhöhe eingetreten und nicht ausgetreten. Querschläger. Wird kaum mit dem Leben davonkommen. So jung und schon sterben!

»Ich muß sterben!« klagt er leise stöhnend.

Armer, lieber Kamerad, oh könnt ich dir schnell noch was Gutes erweisen. Du hast die Kugel aufgefangen, die auch mich hätte hinstrecken können. Ich stand ja fast neben dir, und hätte sie noch die volle Durchschlagskraft gehabt; auch ich wäre schon in die Brust getroffen. Und nun steckt dir das Aas als Querschläger in der Brust. Er war mein Lebensretter. Schnell, schnell, was konnte ich ihm noch Liebes tun, ehe sein Leben entflohen. Soll ich deine Mutter grüßen?

»Liebe Mamma!« und dann umfängt ihn barmherzige Bewußtlosigkeit. Der Sanitäter trat an meine Stelle, legte ihn auf eine Bahre, und ich wollte fliehen.

»Pfui Deubel, das ist ein Heldentod in Schlamm und Schmutz, bei Nacht und Nebel! Nichts dergleichen wie in dem Heldenlied »Auf kühler Erde schlafen!« Der Schreck und noch mehr der Ekel saßen mir in den Knochen. Mir wurde flau und mau - ich mußte aus der Hose und fand zu diesem Zwecke auch den dazu bestimmten Ort im Hause. Ich hatte wohl zu lange gesessen, nachdem ich vorn und hinten kapituliert. Irgendjemand hatte mir zugesehen, und in meinem größten Katzenjammer sehe ich auf einmal den Affen Schula vor mir gestikulieren.

»Wollen Sie sich drücken? Was machen Sie da?«

»Herr Feldwebel, ich breche und sch....; vielleicht eine Probe gefällig?«

Ich räuspere mich nochmal recht kräftig und befestige im Vorbeischreiten meine Hose. Der Ingrimm hatte mir die Energie wiedergegeben. Ich nehme ganz allein... den Balken und renne wütend... die Anhöhe hinauf. Just, als wir oben auf dem Kamm sind, geht eine Leuchtkugel hoch. Die Kerls verstehen das und werfen ihre Balken ab.

Eine Salve streicht über das Feld, alles liegt mit der Nase im Dreck, und Salve auf Salve streicht über uns hinweg. Ich habe vor mir etwas liegen, weiß nicht, was dahinter, verstecke meinen Kopf und meine, schon geborgen zu sein. Leuchtkugel um Leuchkugel geht hoch, und wir dürfen gut eine Stunde liegenbleiben. Wie man nun jeden Schreck überwindet, so kam auch mir in dieser langen Stunde des Nachdenkens wieder das Ding da vor mir so klebrig, so modrig vor. Beim Lichte der Leuchtkugeln riskiere ich ein Auge und - oh Graus - es war ein ganz modriges Heldenhaupt. Es war meine erste Nacht im Felde - die erste Nacht auf einem auch schon beinahe ein halbes Jahr alten Schlachtfelde. Ich wünschte mir deren nicht mehr.

Wäre es vielleicht ein Vierteljahr später gewesen, man hätte uns eine Lage Schrappnell verabreicht, daß uns Hören und Sehen vergangen wären. Bei diesem Gewehrfeuer hatten wir nun mal keine Verluste.

Ein Unterschied war zwischen deutschen und französischen Leuchtkugeln. Die deutschen Leuchtkugeln warfen gewissermaßen Schlaglichter, gingen flatternd in einem großen Bogen wieder zur Erde nieder. Die französischen blieben an einem Fallschirm hängen und leuchteten fast eine Minute lang. Das intensive, grünlichgelbe Magnesiumlicht harmonisierte, wenn ich es so sagen soll, eigentlich recht gut zu diesem Leichenfeld.

Gern ließ ich meinen Totenkopf im Stich, als es wieder weiterging. Ein toter, nur halb mit Erde bedeckter Engländer war der Wegweiser, wo es in den Graben hineinging. Sein Gestank der Verwesung diente in der völligen Finsternis als Wegmarke. An ihm ging es direkt in den Graben hinein. Zum ersten Mal betrat ich einen kriegsechten Schützengraben. Viel sehen kann ich nicht von ihm. Ich taste mich nur hinter meinem Vordermann her. Sehr tief ist der Graben nicht; etwa bis zur Brusthöhe. Hier ist alles Schlamm und Dreck, der bei dem ewigen Sprühregen stets nachgibt. Pioniere müssen das Ganze instandhalten und haben jede Nacht daran zu tun.

Wenn sie keine Laufroste gelegt hätten, wäre der ganze Graben ein Schlammloch. Er geht auch tatsächlich über in fließend Wasser, nicht tief, aber sumpfig. Wieviele mögen schon lange darin faulen? Das Wasser riecht übel. Ein schmaler Laufsteg führt hinüber, und ich frage mich, ob ein Übergang über den Hades eleganter zu denken sei.

Wir sind jetzt ganz nahe vorne, haben aber, außer diesen verdammten Brummfliegen nichts zu fürchten; denn die erste Linie hält treue Wacht. Aber das Geknalle ist schon fürchterlich zu nennen. Die Deutschen geben kaum einen Schuß ab; aber der Franzmann schießt wie toll, ob aus Angst oder aus Fleiß? Wir haben es stets nur für Angst genommen.

Also hier, ganz nahe an der ersten Stellung, sollten wir Unterkunftsräume - bombensichere - für unsere Gasflaschen schaffen. Ein halbes Jahr später wäre das heller Wahnsinn gewesen. Aber zur Zeit, bei dem »bißchen« Artillerie durfte man es riskieren. Dreimal machten wir diese Nacht diesen gefährlichen Gang. Gegen sechs Uhr morgens traten wir den Rückmarsch an. Unser Schwerverwundeter wurde vom Sanitäter abtransportiert. Zwei Leichtverwundete hatten wir, die alleine heimgehen konnten.

Heim gingen auch wir lieber als wir am Abend gekommen waren. Wir waren kaum einen Kilometer rückwärts, schritten über einen Hohlweg, da plötzlich, es war so ruhig gewesen wie überhaupt es hier vorne nur ruhig sein konnte. Der nervöse Lärm der Nacht war schon fast ganz eingeschlafen und wir, ermüdet von der schweren Arbeit der Nacht, duselten im Schlaf dahin.

Da, ganz plötzlich, ein vierfaches Blitzen, ein wahnsinniges Krachen, als ob die Erde bersten wollte, ein Zischen und Fauchen, als ob tausend Teufel durch die Lüfte radelten, und wir liegen alle mit der Nase im Dreck. Ein Mann hebt ein furchtbares Schreien und Brüllen an. Unser Leutnant Müller springt zu ihm, spricht zu ihm, wie zu einem Kinde. Dem Mann fehlt nichts, wenigstens, er ist nicht getroffen; er schreit aber in allen Tonarten weiter. Er hat vor lauter Schrecken das »Herzwasser« gekriegt, wie man sagt. Sein Schreien geht in ein Stöhnen über. Ich bin neugierig und schleiche mich in die Nähe. Alle liegen immer noch mit der Nase im Dreck. Leutnant Müller spricht ganz laut:

»Kinder, das ist ja unsere eigene Artillerie; die hat eben ausgeschlafen und macht jetzt Matinee«, und wie zur Bestätigung spucken die Ungeheuer, sie standen eben in der Nähe des Unterstandes, im Gebüsch, das wir am Abend gesehen hatten, wieder eine vierfache Garbe und streckten dabei lange Feuerzungen aus ihren Mäulern, eine infernalische Musik, die jeden Neuling bis ins Innerste traf. Wäre unser braver Leutnant nicht gewesen, es hätte gewiß eine Panik gegeben, obwohl gar keine unmittelbare Gefahr bestand.

Ruhig sprach Leutnant Müller und brachte eben durch seine, ich möchte sagen väterlichen Ermahnungen die entsetzten Gemüter schnell wieder in Raison. Zum Verwundern war es nicht, es kam zu plötzlich, und wir lagen kaum 80 mtr den Geschützmündungen direkt gegenüber, und Geschosse meinten wir unmittelbar über unseren Köpfen daherflitzen zu hören.

»Wir wollen machen, daß wir wegkommen, gleich werden die von drüben antworten!«

Das brauchte er nicht zweimal zu sagen. Wir sprangen auf und legten die nächsten 500 mtr in großer Eile zurück. Und wir taten recht daran. Kaum, daß wir aus der Gefahrenzone heraus waren, kam von drüben die erwartete Antwort und hetzte uns noch weiter.

Das waren eigentlich die ersten Granaten in der Nähe. Es ist eigentlich gar nicht zu begreifen, daß Menschen sich gegenseitig mit solchen Dingern umbringen wollen. Ich hab's später ganz anders erlebt, aber hier habe ich mich mehr gefürchtet. Wie kann man nur, dachte ich, mit solchen Eisen treffen, dazu noch mit Sprengladung gefüllt, in der Luft herumschießen und - gräßlich, sich vorzustellen - wenn so ein Ding einem direktement auf den Kopf fiele.

Nun hatten wir einen der sagenhaften großen Zufälle aus dem Kriege. Ein Mann, bei dem sich der Schrecken vielleicht auf die Därme gelegt, muß aus der Hose, setzt sich hinter einen Baum, eine Granate, ich möchte sagen, eine verirrte, schlägt ca. 50 mtr von ihm ein - von der Batterie waren wir schon gut 300 mtr entfernt, und ein Splitter reißt ihm ein faustgroßes Loch ins Gesäß. Er hat noch eine Stunde gelebt.

Wirklich, blindwütig ist der Krieg, bei der friedlichsten Sache von der Welt ergreift er seine Opfer!

Das waren die Opfer einer Kompaniehälfte, vier Mann von ca. hundert in der ersten Nacht, und ich rechnete mir aus, daß ich im allergünstigsten Falle dann in der 25. Nacht meine Kugel zu erwarten habe. Na denn, »Fiducit Freund Hein, ich steh mit dir auf Du und Du!«

Im Schlammloch

Foto: Unbekannt, Quelle: Foto Nr. E(AUS) 1233, IWM

Foto: Unbekannt, Quelle: National Library of Australia

Schlammlöcher bei Ipern 1917

Das Reguläre Frontschwein

Foto: Unbekannt, Quelle: Australian War Memorial ID Nr. E00958
Bei Ipern Oktober 1917

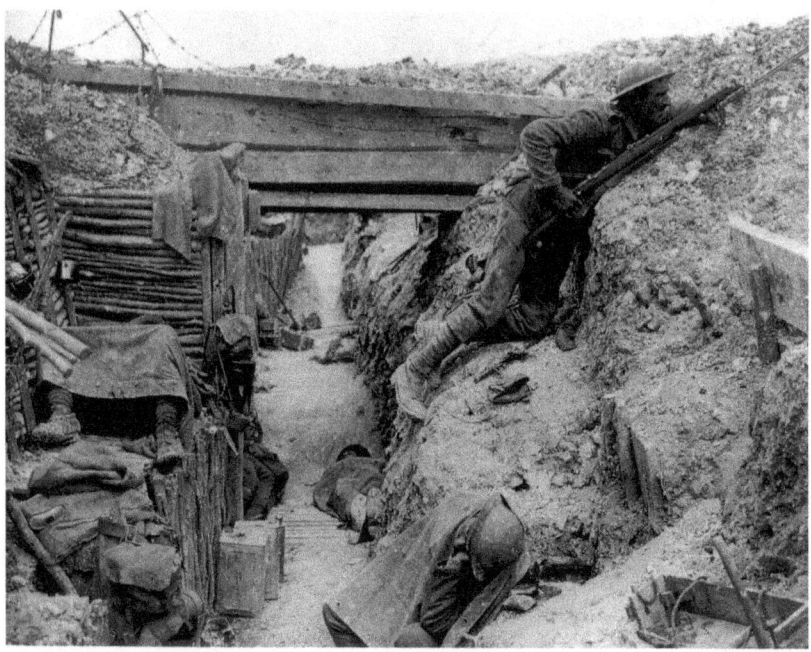

Foto: John Warwick Brooke, Official British First World War Photographer, Foto Nr. Q3990, IWM

Ursprünglich deutscher Graben, besetzt von den Engländern in Ovillers-la-Boisselle, Juli 1916

So ein Mitleidiges Schüßlein

Gheluwe - Geluvelt - La Hogue

Nach dieser ersten Nacht durften wir zunächst mal 'ne Nacht verschnaufen. Wir waren ja noch neu, und über unsere praktische Verwendung an der Front war noch großes Rätselraten. Die Eingesessenen der Division, der wir zugehörten, raunten sich allerhand Wunder zu, die wir noch vollbringen würden und, daß dann der Krieg schnell abgetan sein würde durch uns. Wir waren das Tagesgespräch, und selbst die Flamen nahmen daran Anteil und sagten:

»Packt se mer all, zall et wal goud sin, as et gedon is.«

Sogar der Divisionskommandeur, General von Deimling, schien neugierig auf uns zu sein. Und eines Morgens, als wir gerade aus der Stellung gekommen waren und uns alle gerade zur »Nachtruhe« hingestreckt hatten, wurden wir wieder aufgescheucht, um dem hohen Tier vorgestellt zu werden. Er kam hoch zu Roß, geschniegelt und gebügelt, aber nicht aufgedonnert, einfach und exakt. Eine mittelgroße Gestalt mit klaren Gesichtszügen. Ich schätzte ihn auf Mitte fünfzig. Unsere »Kompaniemutter« meldete. Der General ließ uns den Kreis rumschwenken.

»Morgen, Pioniere!«

»Morgen, Herr General!«

»Ihr seid meiner Division zugeteilt, und ich hoffe, daß ihr besondere Ehre einlegt, wie man es sich von euch verspricht. Tut eure Pflicht und fällt wer, nun ja, dann ist's fürs Vaterland. Morgen, Pioniere!«

»Morgen, Herr General!«

Das war kurz und schmerzlos. Ermahnung zur Pflicht hatten wir nicht nötig. Was blieb uns denn anderes übrig? Wir saßen in der Mühle drin und wurden mitgemahlen.

Weil ich eben gerade von der Kompaniemutter redete, will ich sie eben mit ein paar Schritten zeichnen:

Feldwebel Häring hatte eine Physiognomie, die dem Namen des Trägers alle Ehre machte. Und sein Wesen. Er benahm sich uns gegenüber wie ein Hund zu seiner Schafherde. Jedes Wort von ihm war schon eine Beleidigung. Jeder Satz, den er sprach, eine Blasphemie. So was als Vorgesetzter! Er hatte das Genie, einer ganzen Kompanie Kriegsfreiwilliger innerhalb einer Viertelstunde jegliche Begeisterung ins Gegenteil zu verwandeln. Ein ekelhafter Kriecher und Speichellecker gegen seine Vorgesetzten und ein Schwein, eine Bestie gegen seine Untergebenen. Mit einem Worte, ein Henkersknecht. Seine Anrede war auch stets: »Ihr Knechte!« Ich habe es bald, und mit mir noch andere, vorgezogen, mich lieber Tage hintereinander bei die »Stellungspflichtigen« zu stellen, um vorne im Graben zu bleiben, statt mich von diesem Schweinehund schikanieren zu lassen. Da vorne in den Graben kam dieser Schuft nicht, und ich habe mehr auf anständige Behandlung als auf die Gefahr geachtet.

Soll ich hier schon in Klagen ausbrechen! Nun, weil ich gerade dabei bin. Was man sich hier an der Front unter dem Deckmantel der Disziplin erlaubte, ging oft gegen jedes menschliche Gefühl, gegen Anstand und Moral. Kaum, daß die armen Teufel, dreckig wie die Schweine, manchmal frisch vom schweren Grabenkampf, nachdem sie erst vor ein paar Stunden auf Leben und Tod gekämpft, zwei Stunden im Ruhequartier sich befanden, mußten sie antreten zum Appell. Die ganze Nacht mit dem Franzmann oder Tommy rumgeplackt, drei - vier Stunden heimwärts gelaufen, hundemüde, um zehn Uhr morgens vielleicht angekommen, um zwölf Uhr Appell in Sachen.

Ich klage sie an, diese Banditen, die schlimm wie Viehknechte mit ihren Untergebenen verfuhren. Ich klage sie an, daß sie sich am schwersten am Vaterlande versündigt haben. Ich klage sie an, daß sie so viele in den Tod getrieben. Ich klage sie an, daß sie so manchen zur Verzweiflung gebracht, wie auch mich. Man nannte mich unerschrocken, verwegen, wenn ich ruhig »im Gleichschritt« durch die dickste Gefahr ging. Was war es in Wirklichkeit! Mir war eine Kugel beinahe lieber als von so einem Häring entehrt zu werden.

Zur Kompaniemutter paßte wie die Faust aufs Auge der »Kompanievater« unser »Herr Hauptmann«. Eine lange schwarze Hungergestalt mit schief stehenden, stechenden Augen. Wer den nur zum Hauptmann gestempelt hat! Ich glaube, er konnte sich selbst und keinen Einjährigen leiden. Während er regierte, ist auch kein Einjähriger befördert worden; sondern ausgerechnet diejenigen, die als notorische Bösewichte bekannt waren. Ein Hohn und ein Schlag ins Gesicht war es für jeden Einjährigen, für jeden Tüchtigen, den Stier zu allererst zu befördern. Stier, der kaum ausgebildet war als Pionier, sich vielmehr stets als »Bursche« gedrückt hatte. Von diesem Hauptmann wird erzählt, daß sechs Mann um ihn herum Stahlblenden tragen mußten, als er einmal notgedrungen die Stellung besichtigte. Ich habe den Helden nie vor dem Feinde gesehen.

So viel Schatten konnte das Licht unseres lieben Leutnants Müller nicht verdrängen. Ja, Müller war ein Mann, für den ein jeder gerne mit Hurra in den Tod ging. Und es kam mir beinahe vor, als ob der Fluch über uns hinge, daß Müller so bald von uns genommen wurde. In der Nacht vorher hatte ich noch seinen Worten gelauscht:

»Kinder, es ist wirklich nicht mehr schön hier. Ich möchte mir beinahe gerne mal so ein mitleidiges Schüßchen verpassen lassen, um mal wieder in die Heimat zu kommen und mal wieder anständig zu schlafen.«

Müller war nämlich jede Nacht draußen. Er hatte das meiste Verantwortlichkeitsgefühl. Er kannte schon nach acht Tagen jeden Steg und Weg unserer Stellung bei Nacht. Am Tage ging er kaum mal mit seinen Leuten heim. Er brachte seine Leute so weit, bis sie aus der Gefahrenzone waren und führte die Ankommenden des Abends wieder. Ich habe ihn einmal innerlich »den guten Hirten« genannt. Müller war, wie ich, schon einmal im Felde gewesen. Hatte mehr als ich den ganzen Vormarsch mitgemacht und einen Armschuß davongetragen. Nun wünschte er sich wieder »so ein mitleidiges Schüßlein.« Der Himmel hat sein Gebet gehört, zu schnell für ihn und uns.

In der folgenden Nacht schon. Wie stets hatte ich mich in seine Nähe gedrängt, schritt unmittelbar hinter ihm, als wir im Gänsemarsch über offenes Gelände nach vorne gingen. Müller sprach von seiner guten Frau - ach Jesus - ich springe entsetzt einen Schritt vor und fange den langsam Umsinkenden in meine Arme auf. Ein Herzschuß - mitleidiges Schüßlein. Wir hielten den Atem an, als ob wir dem Flug der Seele gegen Himmel lauschen wollten.

Es war gut, daß wir diese Nacht nicht schanzen brauchten, weil da vorne der Teufel los war, es war gut so - denn es wäre doch nichts geworden. Dumpf vor uns hinbrütend hockten wir die Nacht in der besetzten Scheuer. Auch der Schlechteste empfand, der Beste war von uns genommen worden. Bös war diese Nacht. Einen Verwundeten nach dem anderen schleppte man zur Scheune. Ein Infanterist, ein Knirps, schleppte auf dem Buckel ganz allein seinen Kameraden herein, dessen Oberkörper, aus vielen Wunden blutend, ganz nackt war. Man denke sich, im Monat Januar, bei feuchtkaltem Nachtwetter. Alle seine Wunden zu verbinden, hätten die Verbandspäckchen einer ganzen Kompanie herhalten müssen. Einen Mantel, Rock oder sonst was überdecken durfte man nicht, um die

Wunden nicht zu verunreinigen. Und dann, ach, lebte dieser Ärmste noch und war noch beinahe gesprächig zu nennen. Er fluchte nur über diese verdammte Handgranate.

Was war los da vorne? Der Feind mußte von unserer Arbeit Wind bekommen haben und hat deshalb versucht, gewaltsam in unsere Stellung einzudringen. Er ist zwar zurückgeschlagen worden; aber die Unseren hatten starke Verluste.

Unser Leutnant war tot, und damit schien auch plötzlich unsere ganze Arbeit zu stocken. Da uns niemand heimführte, ging, wer wollte, heim, und ich und verschiedene andere blieben in der Stellung, um uns das Ding auch schließlich mal bei Tage anzusehen. Ich war sehr neugierig. Da waren zunächst Mannschaftsunterstände. So etwa 20 Mann fanden Raum genug drinnen. Ein kleiner Tisch und ringsum behelfsmäßige Sitzgelegenheit. Ringsum von den Wänden hingen die Brotbeutel, Patronengurte, Liebesgabenpaketchen. Am Tisch wurde Skat gekloppt, und dazu rauchte man mehr oder weniger schlechte Zigaretten. Ich war »noch« kein starker Raucher und machte mich raus aus der Bude. Draußen sah ich, daß auf der Balkenlage noch ein halber Meter Erde lag. Ob die einen Volltreffer aushält?, dachte ich. Von »schwerer« Artillerie war hier damals noch kaum die Rede.

Im Graben gab es Manches für mich zu sehen. Der Infanterist ließ mich mal durch die Scheiben lugen. Da drüben im Gehölz stieg Rauch empor. Der Franzmann braute sich jedenfalls einen starken Kaffee. Er benahm sich wenig vorsichtig, und sein Lärm schallte bis zu uns herüber.

»Warum schießt ihr denn nicht?« fragte ich den Infanteristen.

»Hier auf dem Abschnitt dürfen wir nicht schießen, denn für einen Gewehrschuß gibt er uns zehn Granaten. Geh' mal ein bißchen weiter rechts, da kannst du sehen, wie es letzte Nacht gehaust hat.« Als ich dorthin wollte, blieb mein Blick auf einem halb aus der hinteren Grabenwand ragenden Stiefel haften.

»Was ist denn das hier?«

»Laß nur stecken. Da hängt noch der ganze Kerl dran!«

»Ist das ein Gefallener?«

»Das ist einer, der steckt schon den ganzen Winter drin, mit dem Kopf nach unten.«

»Warum begräbt man ihn denn nicht richtig?«

»Ja, was meinst du denn, wir könnten deswegen den ganzen Graben umschmeißen!«

Ich schritt vorsichtig weiter und kam an die sogenannte Sandsackstellung. Hier war der ganze Untergrund ein Schlamm. Die Erde auswerfen, ging hier nicht. Also mußte man von anderswo her die Erde in Säcken herbeischleifen und diese dann, zu drei bis vier übereinander geschichtet, feindwärts aufbauen. Am Tage konnte man die Stelle nur auf dem Bauch passieren. Da ich den Gell und Häring scheute, habe ich mir jenes Vergnügen verkniffen und steuerte wieder rückwärts, ging am lichten Tage zu unserer Scheune, die am Park lag. Zu dieser Stunde war die Sache gefährlich. Die Scheune war etwa 500 mtr hinter dem ersten Graben. Auf meiner Wanderschaft sah ich keinen Menschen. Unser nächtlicher Versammlungsort war ausgestorben. Direkt der Scheune gegenüber der Parkeingang. Da schlich ich mich hinein. So, wie sie gefallen, lagen da verstreut tote Engländer, denen irgendeine mitleidige Seele ein bißchen Erde auf den Leib gestreut, so daß immer noch ein paar Gliedmaßen herausragten.

Ich kam zum Schloß, sah immer noch keinen Menschen und konnte ungeniert spionieren. Das Schloß war sehr übel mitgenommen. Kein Zimmer war mehr heil. Wie wüst sah nur das Boudoir der schönen Dame aus? Kostbare Porzellanfiguren, ganz in Scherben. Tapeten, Vorhänge, hingen wüst an den Wänden herunter, von den durch die zerschossenen Fenster eindringenden Winden schwerfällig bewegt. Im Ahnensaal sah es fürchterlich aus. Die armen Ahnen, herausgeschnitten aus den Rahmen. Von wem? Fragt die Feldgrauen. Ich habe sogar erfahren, daß flandrische Händler für jedes Bild 20 Mark zahlten.

St - St - St - schiua - wum - da hatte ich eine volle Lage in dieses arme, zerfallene Schloß. Galt das mir? Hm - wie leicht konnte das ins Auge gehen und - hast du nicht gesehen - flog ich mehr als ich ging - hinunter und suchte nach einer Deckung - wie die Maus ihr Loch - und grade in einen Artillerieunterstand rein.

»Menschenskind, bist du lebensüberdrüssig oder was treibst du dich hier im Schloß herum? Die können von drüben jeden Schritt sehen.«

Ich wurde schwer runtergemacht, und dann sanken die Herren Artilleristen wieder in ihre Pfühle zu ihrer wohlverdienten Ruhe. Den tiefsten Unterstand des Schlosses hatten sie sich ausgesucht und denselben mit fürstlicher Pracht ausgestattet. Alles, was im Schloß an Betten, Decken, ... noch zu gebrauchen war, hatten sie wie die »Atzen« zusammengetragen und sich fürstlich damit eingerichtet. Die konnten es schon aushalten. Ihre Geschütze? Ich gebe die Auskunft unverbürgt wieder. Es waren Kanonen aus dem Jahr 1870/71. Zu glauben wäre es; denn wir waren an jener Front ganz arm an Geschützen.

Pioniere und Artilleristen, beide schwarze Kragen, waren schon im Frieden immer gut Freund gewesen, so auch hier. Man behandelte mich mehr als Besuch als wie als Eindringling. Sie gaben mir zu essen und zu trinken, und ich habe den übrigen Tag auf dem Chaiselongue verschlafen. Gegen sieben Uhr abends machte ich mich wieder auf die Socken.

Ich pirschte mich das kurze Stück durch den Park zur Scheune, wo »unsere Leut'« schon angekommen waren. Heute Nacht zur Abwechslung mal Schienen schleppen. - Schienen schleppen! Die grausamste Erfindung dieses männermordenden Krieges! Je sechs Mann unter eine Schiene. Wir trugen schwer daran. Das Gelände war uneben. Trat mal eben einer in ein Loch, hatte der Nebenmann natürlich die Last alleine auf dem Ast. Was wollten wir machen, wenn eine Leuchtkugel hochging! Mit so einer Schiene kann man nicht wie der Blitz zur Erde; kann man schließlich schon, wenn man sich von ihr totschlagen läßt.

Also hieß es, ruhig wie Lots Salzsäule stehenzubleiben. Ächzend, fluchend, schwitzend wanden wir uns mühsam vorwärts. Und grade, wie wir uns an der gefährlichsten Ecke vorbeiwinden, geht eine Leuchtkugel hoch, wir stehen still, fluchen, und rrrr - siu siu, st - st, pfui Deubel, die haben uns doch bemerkt und tasten schon mit Gewehr- und Maschinengewehrfeuer nach uns. Da soll der Teufel ruhig stehenbleiben können! Wenn der Richtschütze nur einmal gut Strich hält, sind wir alle sechs mit einem Strich erledigt. Zum Glück erlischt das Licht der Leuchtkugel, ein Schrei, mein Vordermann taumelt, ich fühle die Last allein auf meine Schulter drücken, kann nicht mehr, mache das Kreuz hohl, bekomme einen fürchterlichen Tritt von meinem Hintermann in meinen A... -.

»Willst du wohl aus dem Kreuz gehen!« Und vorwärts drängten sie, aus der Gefahrzone hinauszukommen, und ich habe ausgehalten, was ich mir nie im Leben selbst zugetraut habe. Hatte ich doch gut eine 3 Zentnerlast Eisen auf der Schulter zu halten. Bei den Pionieren habe ich körperlich arbeiten gelernt - schwer arbeiten, und hier habe ich den Anfang gemacht. Ich kann sagen, auf den Knien bin ich am Morgen herumgekrochen, todmüde, mit aufgescheuerter Schulter. Da hat mir der Sanitäter zwei Pflaster aufgeklebt.

Am Nachmittag haben wir dann unseren lieben Leutnant Müller begraben, auf dem Friedhof in Gheluwe. Der Sarg wurde von sechs Pionieren getragen. Es war ein stürmischer, regnerischer Wintertag. Der Feldgeistliche hielt die Grabrede. Donnerwetter, verstand es der Mann, das richtige Wort am richtigen Ort zu führen. Auf einmal brüllt der Bursche des Leutnants lautlos. Andere geben sich Mühe, mit zuckenden Lippen ihre »Schlappheit« zu verbergen. Alle wußten, daß sie einen wirklichen Führer verloren hatten. Die Stimmung war gedrückt.

Am Abend sollten wir noch mehr spüren, was wir verloren. Als Ersatz bekamen wir einstweilen einen Feldwebel-Leutnant, ein behäbiger, gutmütiger Herr. Mit großer Brille und einer langen Jägerpfeife ging er uns voran in eine andere Stellung zwischen Geluvelt und La Hogue.

Wir waren kaum durch Geluvelt hindurch, mußte er seine Pfeife neu anzünden, und da der Wind heftig war, mühte er sich lange Zeit mit seinem Feuerzeug. Die Straße war kerzengerade und bei Tag vom Feinde leicht einzusehen. Und es dauerte noch eine halbe Minute, da kommt auch schon von drüben, was kommen mußte.

Wieder das kurze Blitzen, das blutgierige Zischen, und ich sehe sehr deutlich, wie das Biest zwanzig Schritte hinter mir tosend zerbricht. Noch eine vor uns - neben uns - Deckung! und hast du nicht gesehen, stürzt alles rechts über den Straßengraben in ein paar zerschossene Häuser. Mit ca. 50 anderen geriet ich in eine zerschossene Schmiede. In dieser Schmiede habe ich meine eigentliche Feuertaufe durch Granatenfeuer erhalten. Eine Lage nach der anderen schickt der Tommy rüber, und unsere Artillerie hat keinen Schuß zur Antwort. Wir waren alle zum ersten Mal in einem richtigen Granatenfeuer. Hätten wir die alte Routine schon gehabt, wir hätten gleich anfangs den Sprung aus dem Feuer versucht.

So blieben wir, wie erschreckte Stiere, geduckt in der Schmiede hocken. Ich hockte auf meinen Hacken ganz in einer Ecke. Ein anderer saß auf meiner Schulter. Es war ein 22er Pionier, der uns als Führer dienen sollte und seit Monaten schon in dieser neuen Stellung gelegen war. Ich wagte es nicht, mich zu rühren, obwohl sein Gewicht mich drückte.

Wir lagen die ganze Nacht, und Staub und Dreck wirbelte uns um die Ohren. Ich wagte kaum zu hoffen, noch einmal aus dieser Hölle herauszukommen. Wenn wir doch wenigstens vom Fleck fortgeführt worden wären! So mußten wir warten und warten. Der Posten, der uns abberufen sollte, kam nicht. Wenn er es versucht haben sollte, zu uns zu gelangen, so war er vielleicht schon in Fetzen zerrissen worden.
Dies Zerren an den Nerven, dies Warten in der Lebensgefahr, ich glaubte, vergehen zu müssen. Da höre ich in einem stillen Augenblick meine süße Last auf meiner Schulter schnarchen, und da fühlte ich ganz deutlich, wie sie von mir wich, die blasse Furcht. Kann der schlafen bei dem Spektakel,

dann brauchst du dich auch nicht so zu fürchten wie ein kleines Kind beim Gewitter.

Und als Antwort auf meinen Gedankengang haut so ein Ding mitten rin, das heißt reißt die hintere Mauer um, an der ich lehne und - raus - rette sich, wer kann! Vor mir stolpert einer im Graben, und mit einem Hechtsprung setze ich über ihn hinweg und renn' mit den anderen durchs finstere zerstörte Dorf, dessen Haupstraße haarscharf unter Feuer liegt. Ich renne durch, mitten durch die Gefahr und bin in zwei bis drei Minuten aus dem Feuerbereich und warte auf die Kameraden, die von Haus zu Haus springen. Mir tut die linke Hacke so weh. Ich setze mich in den Chausseegraben. In meinem Stiefel quatscht es. Ich will ihn ausziehen. Da brüllt es neben mir los. Unsere Artillerie gibt Antwort.

Ein paar Kameraden kommen aus dem Dorf gestürzt. Ich stehe auf. - Au, meine Hacke! Hänge mich bei zwei Kameraden ein - ich kann kaum noch gehen.

»Haltet mal, ich muß doch mal nach meiner Hacke sehen.«

Quelle: Underwood & Underwood. (US War Dept.)

Deutsche Infanterie, 7. August 1914

So ein Mitleidiges Schüßlein

Foto: Unbekannt, Attribution: Bundesarchiv, Bild 146-2005-0099 / CC-BY-SA

Im Graben an der Westfront

Das Reguläre Frontschwein

Foto: Unbekannt, Attribution: Bundesarchiv, Bild 104-0158 / CC-BY-SA

Argonner Wald, Oktober 1915

Dem Heldentot auf der Spur

Schloßpark von Geluvelt

Taste den Stiefel ab, hinten, da steckt ein Stückchen Eisen - Heimatschuß. Na, das habe ich ja eigentlich gar nicht gespürt. Der, über den ich weggesprungen, hat wohl mehr mitbekommen. Der Stiefel wird aufgeschnitten, ein Verbandspäckchen umgewickelt, und dann will ich heimwärts humpeln. Verdammt, es geht schwer. Eben will eine Protze zurückfahren. Soviel Platz darauf war, war sie schon besetzt mit Leichtverwundeten. Sie wird angehalten, mich auch noch mitzunehmen. Geht nicht, alles besetzt. Dann soll man mich auf dem Handpferd aufsitzen lassen. Das ist auch gefährlich. Zudem ohne Socken.

Ich hatte schon als Bub zum Gaudium der Knechte ohne Sattel die tollsten Ritte auf unseren Pferden mitgemacht. Also hatte ich auch hier keine Angst und laß mich hinaufheben. Und kaum sitze ich oben, kommt von drüben eine Salve, die unsere Artillerie sucht, schlägt kurz hinter uns ein. Hoch aufbäumen sich die Pferde, der Fahrer reißt die Zügel zusammen, und ab geht die wilde Jagd. Ich hatte grade noch so viel Geistesgegenwart, mich an der Mähne meines Pferdes festzukrallen und hielt mich fest, daß mir die Fäuste weh taten. Mein armes verwundetes linkes Bein wurde erst recht mitgenommen. Ich habe mehr auf dem Bauch als auf dem Hintern geritten. Das Pferd raste im Galopp, und bald flog ich auf seinem Hals, bald ganz am Ende seines Rückens. Und immer war ich bemüht, mein linkes Bein nach hinten zu legen.

Eine gute Viertelstunde dauerte die rasende Jagd. Dann waren wir außer Gefahr, und der Fahrer ließ die abgehetzten Pferde Schritt gehen.

»Oh weh, das linke Bein ist ein halbes Dutzend mal zerquetscht und zerbrochen!«

»Menschenskind, wenn der Krieg vorbei ist, kannst du als Zirkusreiter dich für Geld sehen lassen. Hab nicht geglaubt, daß es gut ginge.«

In meinem ganzen Leben reite ich nicht mehr auf einem ungesattelten Gaul. Der Sanitäter untersuchte meine Wunde. Das Geschoß war nur ganz leicht gewesen. Es war mehr ein Schrammschuß. Die Hoffnung auf die Heimat ward gleich nichtig. Mehr als die Wunde schmerzte mich der Allerwerteste. Die nächsten paar Tage konnte ich überhaupt nicht gehen.

Das Reguläre Frontschwein

Den einzigen Vorteil, den ich aus meiner leichten Verwundung zog, war der, daß ich die nächste Zeit auf einem Strohsack in der Revierkrankenstube liegen durfte, daß ich mich mal richtig ausruhen konnte.

»Kamel«, sagte der Sanitätsoffizier zu mir, »wärst du gleich zum Feldlazarett gegangen, hättest du vielleicht die Heimat wiedergesehen. Die Wunde ist in zehn Tagen verheilt, und dann kannst du wieder mit in Stellung gehen.«

Als ich schon wieder humpeln konnte, nahm ich die Gelegenheit wahr, mir den Ort ein bissel anzusehen und suchte auch mal mein Quartier auf. Da sitzt der Werner an meinem Tisch und säbelt mit seinem Messer an einer schweren Cervelatwurst rum. Die kam mir so bekannt vor. Ich sehe meinen »Affen« nach und konstatiere, daß mir außer anderen Liebesgaben auch meine Wurst geklaut worden ist. Ich schreite auf Werner zu, setze mich auf die Tischkante und sehe ihm zu.

»Du, was kostet so 'ne Wurst?«

»Nix, die han ich gefunge!«

»So, in meinem Tornister!« und schlage mit der geballten Faust auf seine gefüllte Backe, daß er die gestohlene Wurst gleich wieder ausspuckt. Hätte ich in dem Moment einen Revolver gehabt, ich hätte diesen Kameraden niedergeknallt wie einen tollen Hund, diesen größten Lumpen der Kompanie.

Die Wurst konnte ich verschmerzen; aber nicht den Ekel verwinden vor solcher Kameradschaft. Und kurz entschlossen tat ich etwas, was unter dem Regime eines Härings kaum für menschenmöglich gehalten wurde. Ich suchte mir ein Einzelquartier. Ging in einige Häuser und fragte auf gut Französisch.

»Y-a-til place encore pour un simple soldat?«

Und hatte Erfolg. Ein belgischer Arbeiter überließ mir in seinem Haus eine leere Stube. Dorthin brachte ich meinen Affen und erwischte auch etwas Stroh. Da ich sowieso auf der Revierstube einstweilen einlogiert war, fiel mein Umzug gar nicht auf.

Vom Dienst war ich noch befreit, und ich hatte die Muse, mir den Ort und das Leben und Treiben darin etwas anzusehen. Viele Stunden habe ich bei dem Flamen in der Küche zugebracht. Der Mann hatte den ganzen Tag nichts anderes zu tun, als seine Tonpfeife mit Tabak zu füllen, übervoll, daß der Tabak stets runterhing. Auf dem Tisch stand die ewige Kaffeekanne. Der gemahlene Kaffee kam in einen Strumpf, der ins kochende Wasser kam, und von einem Strumpf machte man zehn Tassen Kaffee.

Immer war vom Krieg die Rede. Die guten Leute sprachen ziemlich teilnahmslos über den möglichen Verlauf desselben. Wir sollten nur bald machen, daß wir die kurze Ecke von Belgien auch noch einsteckten; dann könne wenigstens Frieden gemacht werden, und die Franzosen sollten die Suppe ruhig allein auslöffeln.

Täglich ging ich auf die Revierstube zum Verbinden, und da erwischte ich einmal den Sanitätsunteroffizier im schönsten Techtel-mechtel mit einer fetten, schwarzhaarigen Flämin. Nun ja, der hatte ja soviel freie Zeit und nichts zu tun.

Auf der Straße wurden die Befehle der Kommandantur bekannt gegeben.

»All duiren mooten doot gemaakt werden!«

»Die straat mut gefogen werden!«

Proviant wurde ausgegeben. Oh, es gab noch reichlich. Ganze Fässer voll Schmalz, und so viel bekam ein jeder, daß er außer den Eingeweiden sich auch die Stiefel damit schmieren konnte. Rum, der war das Spezialgesöff der Pioniere.

Bald war ich wieder dabei, mit in die Stellung zu gehen. Rechts und links in jeder Manteltasche eine ¾ ltr Flasche Rum. Als »schon« Verwundeter wurde ich noch etwas geschont, brauchte nicht so viel zu laufen und half nur mit, Unterstände für unsere Gasflaschen zu bauen. Mein Genosse war jetzt Skrobansky. Er war von Beruf Zimmermann und sollte als solcher die Balkenlage am Unterstand richtig vertrimmen. Wir sägten die Balken. Er stand im Loch und ich oben, und wir zogen die Säge mit langen Strichen durchs Holz. Auf einmal ein metallisches Klingen, ein Querschläger hatte uns die Säge verbeult. Skrobansky zog die Säge heraus, richtete sie wieder und sprang nach oben. Ich sollte unten stehenbleiben.

»Laß mich doch oben hin, Skrobansky, du mußt doch sehen, ob es richtig wird.«

»Kann ich nicht runter, bist du gewesen oben, bin ich jetzt dran.«

Wahrlich, dieser arme Polensohn hatte Kameradschaftsgefühl, er wollte die Gefahr ehrlich teilen.

Man war jetzt so vernünftig geworden, uns nicht jede Nacht über die gefährliche Straße durchs nächtliche Gewehrfeuer hin- und zurück zu jagen. Wir blieben jetzt immer drei Tage in Stellung und fanden am Tage in unseren bald vollendeten Unterständen gut Unterkunft. Im Park von Geluvelt lag in einer Mulde ein Teich, und hier durfte man, wenn auch nur vorsichtig, mal einen kleinen Spaziergang machen. Nur war der ganze Park mit verwesenden Toten übersät. Gerade ein paar Spaten voll Erde mitten auf den Körper, und so blieben sie liegen inmitten der Greuel der Verwüstung. Das Wasser im Teich war schmutzig, dunkel, schlammig. Die schönsten, mächtigsten Bäume, alle zerschossen, krank. Das Gebüsch verwildert. Kein Leben im Park. Höchstens von weit her hörte man mal die Raben heiser krächzen. Ein toter, verwüsteter Park, und einsam. Feindwärts zu hatte er eine Böschung, so daß er zu einem gewissen Teil nicht einzusehen war. Nur ab und zu kam von weit her mal ein schwerer Schuß, der dann das trübe Wasser aufpeitschte und darin versunkene Leichen wieder nach oben brachte.

In diesem Revier konnten wir bei Tage auch arbeiten. Um etwas für den Himmel zu tun, da es doch zu den sieben Werken der Barmherzigkeit gehörte, machte ich mich besonders in den Abend - und Nachtstunden daran, einzeln herumliegende Tote richtig zu begraben. Tiefer als einen halben Meter habe ich das Grab selten gemacht. Obwohl ich diese Arbeit heimlich machte, wußte man bald davon und ließ mich gewähren, wenn dadurch ich auch mal eine Runde von meiner Arbeit bei der Truppe versäumte. Die meisten waren Angehörige der Garderegimenter, Elisabether und Augustaner. Erkennungsmarken und Sonstiges war fast immer schon entfernt. Auch viele Engländer waren dazwischen. Den Ort, wo die Leiche lag, machte ich meist am Tage aus. Eines Tages hatte ich Bzdick, der mir am sympathischsten war, mitgenommen. Wir entfernten uns ziemlich von der Böschung und konnten also schließlich vom Feind beobachtet werden. Gerade machten wir uns an einem toten englischen Reiter zu schaffen, der neben seinem Pferde lag. Die Pferdeleiche stank fürchterlich und war unheimlich aufgetrieben. Der Kopf war fast ganz vermodert, und das bleiche Gebiß bot einen greulichen Anblick. Eben spähte ich das Gelände ab, ob wir auch noch genügend gegen Sicht gedeckt wären - .

Da - wieder das infernalische, tückische, zischende Gleißen durch die Luft und - bums - als wenn einer einen allmächtigen Stein in einen Sumpf wirft, plumpst es fünfzig Meter hinter uns -. Gott sei Dank, ein Blindgänger! Aber der galt uns - und heidi - sprangen wir wieder zurück wie die Hasen ins Gebüsch.

In der Nacht hat dann der Bzdick mit mir dem toten Engländer ein Grab bereitet. Feldflasche, Brotbeutel, Seitengewehr und Karabiner nahm ich mit mir. Die habe ich später einem Etappenschwein anvertraut, daß er sie mit nach Hause nähme. Bis heute ist es dort noch nicht angekommen. Übrigens wurde ich jetzt im Abschnitt der Totengräber benannt, und viele hatten Sympathie erworben. Bei meinem Geschäft hatte ich um so mehr meine Gedanken. Jedem habe ich ein »Vaterunser« mit ins Grab gegeben. Ich dachte meistens, ob der wohl auch eine Mutter hat, die um ihn jetzt weint? Bei den Engländern hatte ich so meine eigenen Gedanken. Ich gedachte dabei der Bilder, die ich seinerzeit in England geschaut.

Diese Soldaten, echte Landsknechte, eine Kategorie von Mensch für sich, von denen die anderen Engländer selbst sagten, sie seien vom Fremdling gezeugt und von der Hure im Hyde Park entbunden. Daheim in seinem Lande war er als Konpatriot, als Engländer gar nicht ebenbürtig. Genau vielleicht so wie der Landsknecht im 30 - jährigen Kriege. Und nun lag er hier und hatte mehr Wert bewiesen als andere. Ja, diese Söldner verstanden ihr Handwerk. Die Infanteristen behaupteten, sie schössen die Kimme von den Gewehren weg, die immer zum Anschlag bereit über die Deckung ragten.

Ich habe dem Engländer auch mal einen Meisterschuß gezeigt. Neugierig schlendere ich bei den Infanterieposten rum und frage, ob vom Feinde was zu sehen sei. Auf der Brustwehr standen Stahlblenden. Durch eine kleine drehbare Klappe konnte man einen Schlitz öffnen. Da spähe ich hindurch und beobachte, daß da drüben der Engländer feste Wasser mit der Schaufel aus seinem Graben schmeißt. Zu uns herüber. Beim Zotz hatte ich schon als Schütze eine dicke Nummer gehabt. Nun sollte es sich praktisch mal bewähren. Entfernung war ungefähr hundert Meter. Ich ziele, ruhig, langsam, zähle den Abstand zwischen dem Hochkommen des Spatens, reiße durch; deutlich vernimmt man von drüben das typisch englische »oh«, und das Wasserschöpfen hat ein Ende.

Ich ernte das Lob der Infanterie und ziehe mich befriedigt in einen Infanterieunterstand zurück. Der Pionier war stets gut gelitten, und es wurde ihm auch noch ein dickes Eckchen in dem viel zu engen Unterstande eingeräumt. Ich hing meine Feldflasche an das Feldöfchen, um meinen Affen aufzuwärmen. Dann Brot und Speck raus und grade, wie ich einen großen Bissen zum Munde führe, bleibt er mir vor Schrecken im Halse stecken. Eine Granate war mit Fauchen und Zischen 50 mtr hinter uns eingeschlagen. War das schon die Antwort auf meinen Treffer? Mein vor letztlichem Schrecken versteinertes Gesicht löste sich erst wieder, als die Infanteristen in Lachen ausbrachen. Ich hatte vor, zu türmen.

»Bleib ruhig da. Hier trifft keine Granate. Diejenige, die hier einschlagen soll, bleibt bei den Gräben drüben in den Bäumen hängen und schadet ihnen selbst mehr. Sie müssen also über die Bäume hinter ihrer Stellung schießen, und dann treffen sie uns hier nicht.« Man brauchte sich in dieser Stellung nur vor Infanteriekugeln und Gewehrgranaten schützen.

Aus Langeweile, sollte man sagen, gab es ab und zu mal einen Feuerüberfall. Mir kam das dann wie so 'ne Art Jahrmarktsrummel vor. Der ganze Klamauk dauerte etwa fünf Minuten. Artillerie und Infanterie gab aus den Läufen, was raus wollte. Und zu dieser Zeit wurde die Sache noch mit Musik gemacht, d. h. der Hornist blies sein Sturmsignal - aus dem Unterstand raus. Nur einmal, wie er mit vollen Backen bei so einem Sturmangriff in sein Blech spuckt, haut so ein Ding von drüben, wo man dann auch nicht faul blieb, in der Nähe ein, und mit einem kläglichen Jammerlaut erlöscht das Tätärätä so kläglich, daß trotz der kriegerischen Situation ein allgemeines homerisches Gelächter erscholl.

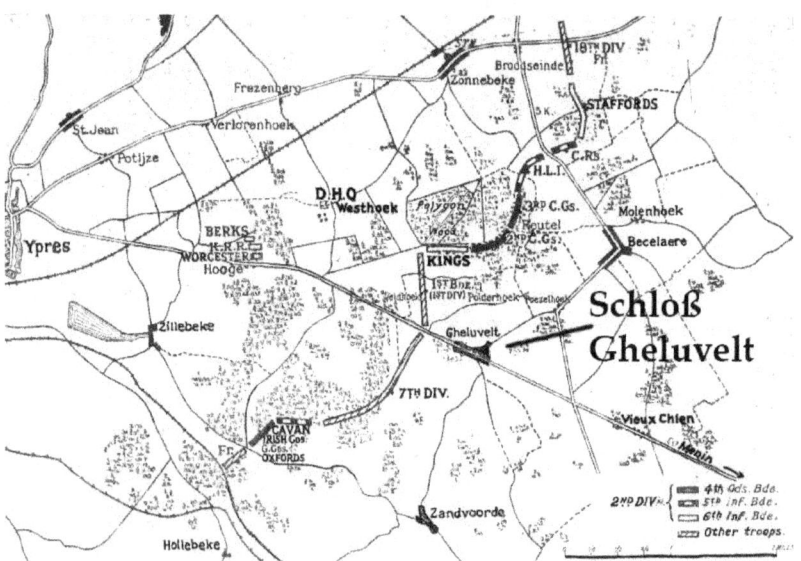

Quelle: Wyrall, Everard, 1878-1933 Volume 1, World War, 1914-1918, Publisher: Thomas Nelson and Sons

Kampflinien um Schloß Gheluvelt (Geluvelt), 1. November 1914

Nur kein Ziel bieten

Schloßpark von Geluvelt

Der Unterstand für unsere geliebten Flaschen war hier fertiggestellt. Wir waren acht Tage hintereinander in Stellung geblieben und bekamen nun auf einmal am hellichten Tage Ordre, zurückzukommen. Eine gefährliche Sache. Wegen des sumpfigen Geländes gab es keine Verbindungswege nach rückwärts. Ein einzelner Mann mochte wohl springend und laufend durchkommen, aber eine halbe Kompanie!

Weiter links sei das Gelände vom Feind nicht so gut einzusehen. Also schlängelten wir uns dorthin durch. Nun den Graben hindurch. Immer einzeln. Vor mir stand Unteroffizier D., der mich seinerzeit in der Garnison auf Fürbitte meiner Schwester so brav aus der kritischen Situation gerettet, mich zum Essentragen nach der Wache kommandiert, vor dem Zorn des Hauptmanns bewahrt. Er hatte immer schon etwas Asthma gehabt, das sich in dieser naßkalten Witterung noch verschlimmert hatte. Er sprang raus und lief um sein Leben. In einer halben Minute Abstand ich hinterher. Sui -- sui -- stst. Die drüben hatten uns schon bemerkt und konnten uns wie flüchtiges Wild abschießen. Nur kein Ziel bieten. 50 mtr, 20 mtr, rennen und immer wieder hinstürzen, und auf einmal liege ich neben dem Unteroffizier D. Er hustete fürchterlich. Der Schweiß lief ihm übers ganze Gesicht. Die Augen traten beinahe aus den Höhlen vor Anstrengung beim Husten, und dann griff er nach seinem Halse. Ich legte ihn auf den Rücken, öffnete seinen Waffenrock und haspelte ein paar Pfefferminze, die ich als Liebesgaben bekommen, aus der Tasche und hieß ihn sie nehmen. Und über unsere Köpfe schwirrten Gewehrkugeln. Es dauerte gut zehn Minuten, bis D. sich einigermaßen erholte. Dann hing ich ihm sämtliches Gepäck, vor allem seinen Dräger-Apparat, ab und hieß ihn, den letzten Sprung auch noch zu riskieren. Es gelang, und wir waren einigermaßen in Sicherheit, als wir hinter eine Hecke gelangten.

Da stand ein Baum, und auf einem Ast lag langgestreckt ein französischer Alpenjäger in seiner graublauen Uniform im Anschlag. Mit seinem Leibgurt hatte er sich ehemals festgebunden, hatte aber schon damals seine Kugel bekommen und war auf dem Ast liegengeblieben, wohl schon den ganzen Winter über. Genau mochte ich nicht hinsehen. Seine Gestalt hat uns später noch lange als Wegweiser gedient.

Hinter der Hecke waren wir einigermaßen gegen Sicht gedeckt und somit auch ziemlich außer Gefahr. Und nun hatte ich einmal Gelegenheit, mir eine flandrische Landschaft bei Tag anzusehen. Genau so, wie sie gemalt wird. Flach wie Kuchen, von langen Pappelchausseen durchzogen, die Bäume alle nordwärts verweht, von dem hier ewig blasenden Nordwestwind, der von der See kommt. Viel Tabak wird hier gebaut, und auf dem freien Gelände standen die Staffagen, von der letzten Ernte noch beladen.

Seinerzeit noch nicht, aber später haben die Feldgrauen von diesen Vorräten genommen. Viele Wiesen, auf denen hie und da die widerlich aufgedunsenen Leiber längst gefallener Rindviecher lagen - unbegraben. Es gibt keinen infernalischeren Geruch als dieser, vermodernder Tierleichen. Alles, aber auch alles war eine Beleidigung der fünf Sinne. Die Nase bekam den widerlichen Gestank, das Auge die entsetzlichen Bilder ---, dazu der ewige, feinrieselnde Regen, das war alles dazu angetan, einem den Heldentod begehrenswerter zu machen.

Wenigstens schien Unteroffizier D. schon auf diesem Stande angelangt zu sein. Mühsam schöpfte er Atem. Er sagte mir, daß er mir sein Leben lang danken müsse; aber ihm wäre es beinahe grade so lieb gewesen, wenn er einen richtigen Schuß abbekommen hätte. Dies Hundeleben in ewigem Regen, in Schlamm und Sch..., sei er nachgerade satt. Ja, wenn man sich im Ruhequartier noch ordentlich auffrischen könne. Der Hauptmann sei keiner, mache nichts mit seinen Leuten mit, wisse nicht, was wir des Nachts leisten müssen, fühle deswegen auch nicht mit uns und wisse nicht, was uns im Ruhequartier nottäte.

Ich war ganz erstaunt, und zu dieser Zeit war es beinahe noch was ganz Unerhörtes, daß ein Vorgesetzter so sprach. Gewiß war er schwer leidend; aber, echter westfälischer Dickschädel, ging er nicht zum Arzt. Ich sagte ihm noch, daß wir alle das gleiche Los gezogen und uns einer am andern trösten sollten. Und der Heldentod komme immer nur ungerufen. Und weil er sich damals in der Garnison noch so anständig zu mir gezeigt, fühle ich mich verpflichtet, ihn nach Möglichkeit vor dem Heldentod zu bewahren. Wir sagten uns das in der rauhen Sprache, die wir uns schon angewöhnt hatten. Und weil er anscheinend eine innere Rührung unterdrücken wollte, fuhr er mich an, ich solle nur nicht glauben, daß er es damals mir zuliebe getan, nur weil meine Schwester so große

Angst um mich Verbrecher gezeigt habe. Na, wenn ich etwas verbrochen habe, dann büße ich schlimmer hier als auf Festung. Und dann kam er auf die Idee, uns gegenseitig die Adressen unserer Angehörigen auszutauschen, falls einem etwas passieren sollte.

Unter solchen Gesprächen stampften wir mit quatschenden Stiefeln über die Wiese und mußten auf einmal Halt machen vor einem Scheingeschütz. Na, daß man an der Front auch Fasching machte, wie das wenigstens hier aussah, wußte ich noch nicht. Ein altes Jauchefaß auf zwei Rädern, nach vorne geneigt, in das Faß noch ein zwei Meter langes Ofenrohr gesteckt, das Ganze noch ein bißchen rundherum geputzt, sollte unsere Artillerie markieren. Müssen da aber die Flieger schlechte Augen haben.

Flieger waren zu der Zeit noch ein sehr rarer Artikel. Jeden Tag mal einer, auch mal gar keiner. Und was wurde da eine Menge Munition drauf verpulvert. Ein einziges Mal im ersten Vierteljahr habe ich auf unserem Frontabschnitt gehört, daß ein Flieger abgeschossen worden ist.

Es war ein Unsinn, daß man uns am hellichten Tage aus der Stellung abberufen hatte; denn die nächste Nacht mußten wir wieder in Stellung. Nur allein, weil wir unseren neuen Kompanieführer, Leutnant Loose, zu sehen die Ehre haben sollten, durften wir fünf Stunden Weg mit feldgrauem Komfort auf uns nehmen.

Den Abend arbeitete ich unter Kommando von Feldwebelleutnant Grunow. Wir hatten eine Arbeit, von der wir nicht richtig wußten, wozu sie sein sollte. Dicht hinter dem Park, 500 mtr vom Feinde ab, den Hohlweg ausbessern. Ja, und die Nacht war es drüben wieder brenzlig. Immer, so ganz unerwartet, kam von drüben ein dicker Brocken. Da habe ich feste geschanzt und mir in die Böschung waagerecht einen zwei Meter tiefen Tunnel gegraben mit einem Durchmesser von einem halben Meter, so daß ich knapp reinging. Kamen dann von drüben dicke Sachen, machte ich einen Hechtschuß mit dem Kopf voran ins Loch und winkte den anderen mit den Stiefeln, wenn die nach mir suchten. Schönebeck fand meine Idee nachahmenswert. Wenn die anderen davonrannten, flitzten wir wie die Ratten in die Löcher. Ich sagte dabei jedesmal die innigsten Wünsche, daß etwaige herumfliegende Granatsplitter höchstens meine Stiefelsohlen, nicht meine Füße verletzen möchten. Als ich mich nun wiedermal nach überstandener Gefahr aus dem Loch herausgezwängt und 10 mtr neben mir aus dem Nachbarloch nur ein paar Stiefel raushängen sah, hat's mir doch mächtig das Zwerchfell erschüttert, diese unfreiwillige Komik, daß ich in lautes Gelächter ausbrach.

Feldwebelleutnant Grunow, der ganz gebückt durch den vielleicht einen Meter tiefen Hohlweg gegangen kam, fand unsere Idee sehr weise. Er hatte ein ruhiges, freundliches Organ, lobte nur immer, tadelte nie. Er trug ein so ängstliches Wesen immer zur Schau, daß er allen auffiel. Er suchte stets dagegen anzukämpfen, so wohl auch jetzt, als er bei uns stand und meinte:

»Na, was machen Sie denn, wenn Sie unter sich Minen, vor sich Maschinengewehre, über sich Flieger und rechts und links Granatfeuer wüßten?«

»Herr Feldwebel, dann gehe ich stiften!«

Da lachte Grunow leise und schlich geduckt von dannen. Fünf Minuten später hatte eine heimtückische blinde Kugel ihn mitleidig getroffen, daß er sterben mußte. Gräßlich und tausend Mal verflucht, dieser heimtückische Tod in der finsteren Nacht. Schönebeck und ich erfuhren es erst, als wir nach ein paar Stunden, da wir gar nichts mehr in der Nachbarschaft bemerkten, die anderen suchten. Nächst dem Leutnant Müller war Grunow unser bester gewesen und vergrämt und mutlos wegen des über uns waltenden Mißgeschicks, zogen wir verdrossen heimwärts, wiedermal, durch den aschgrauen Morgen. Walter und ich blieben zurück und trotteten schweigend nebeneinander. Dann mußte ich einen Moment zurückbleiben, und wie ich mir meinen Kumpel so von hinten ansehe, muß ich nochmal laut losbrüllen vor Lachen. Parentese, man verzeihe mir dieses Lachen, weil ich eben noch vom Tode meines geliebten Führers spreche. Es ging uns schon wie den Hühnern, wenn der Habicht zwischen die gestoßen und sich ein Opfer geholt, die dann eine Minute später schon von nichts mehr wissen. Also, ich mußte so viel lachen, daß Walter Schönebeck verdutzt stehen blieb.

»Walter, wie siehst du aus! Die reinste Kirmesfigur. Ich sage dir, daß der wildeste Ahaswer noch reinster Salonkavalier gegen dich ist. Wenn eine deiner vielen Bräute dich jetzt als Held so sehen könnte, du hättest bestimmt Ruhe von ihnen.«

»Meinst du, du sähest nobler aus?«

Nobel - Herrgott, wie sahen wir aus! Schlimmer als jede Karikatur. Die Stiefel waren keine Stiefel mehr. Vom ewigen Wasser, dem Herumwaten im Schlamm, war die Hacke des Leders weich wie Tuch geworden. Damit die Stiefel im Sumpf nicht steckenblieben, hatten wir uns von unten herauf bis hoch über die Knie Säcke um die Beine gebunden. Die Säcke waren vom Lehm fest zugeschmiert. Durch das Jonglieren, Hinein- und Herauskriechen in den Mauselöchern in der Nacht war unser übriger feldgrauer Anzug genauso sauber. Über den Kopf hielten wir die patentierten Kopfschützer gestülpt und zogen nun daher wie die zwei Grenadiere aus Rußland. Fügt man hinzu, daß wir beide krampfhaftige Bewegungen, Schulter- und Armverrenkungen machten, um die allzu fleißigen Läuse ein wenig zu beruhigen, so hat man den richtigen Aspekt eines feldgrauen Pioniers.

Wir beide waren an dem Tage die Letzten, die aus der Stellung kamen, und hinter dem Dorf Geluvelt wartete der neue Kompanieleutnant hoch zu Roß. Wir meldeten uns.

Da wir die Letzten waren, hatten wir die hohe Gnade, neben seinem Gaule dahertraben zu dürfen. Der Gaul war auch ein Gaul, ein armes Tier, dem man die Rippen zählen konnte, der jetzt schlechte Tage hatte, sicher, weil seine Eltern im Paradiese verbotenen Hafer gefressen. Der Leutnant verursachte uns ein großes Rätselraten und setzte schließlich im Galopp davon.

»Wat mag er wölle?« fragte Walter.

»Der will 'nen Wagen. Der hat da hinter dem Dorfe bei der Artillerie rumspioniert, weißt du, dort wo der leichte Zweisitzer stand.«

Ja, jetzt war es uns klar. Der konnte nicht richtig reiten und auf so einem Schinder schon gar nicht. Der sucht 'nen Wagen. Wenn der nicht der Artillerie gehört, dann wollten wir ihn holen.

Als wir das nächste Mal aus der Stellung kamen, schritten wir zur Tat. Es war noch stockdunkel. Die braven Kanoniere lagen in friedlichem Schlummer. Wir schlichen vorbei und brachten das Ding ohne viel Mühe auf die Straße. Immer nur möglichst leise. Der Wagen zog sich leicht. Trotzdem duldete es Walter nicht, daß ich mich hineinsetzte und ihn Pferdchenspielen lassen wollte. Also half ich ihm ziehen. Wir waren furchtbar stolz auf unseren Geniestreich und erwarteten die größte Anerkennung. Wenigstens den »pour le merite« mußten wir kriegen. Und Walter wollte sich damit fotografieren lassen und jeder seiner Bräute einen Abzug schicken, damit sie es wirklich wüßten, daß er allein mit mir ein feindliches (der Feind war in diesem Falle die Artillerie) Geschütz (in diesem Falle die Chaise) erobert, und es mit mir allein geborgen hätte. Der Stolz schwellte die Brust, über die auch unser Schweiß rann. Schon über eineinhalb Stunden waren wir unterwegs und in einer Viertelstunde dachten wir, unter dem Triumpfgeheul der ganzen Kompanie ins Ruhequartier einzuziehen.

Doch das Unglück reitet schnell. In voller Karriere kommen hinter uns zwei Artilleristen auf Pferden herangesprengt. Wir lassen unseren Wagen im Stich und nehmen schleunigst volle Deckung. Die Artilleristen halten an, fluchen, drohen, spähen umher. Weil wir beide friedfertige Menschen sind, die jede häßliche Auseinandersetzung meiden wollen, bleiben wir still und verborgen. Mit Wehmut sehen wir unseren geliebten Wagen wieder umschwenken. Fahrt wohl, ihr schönen Hoffnungen. Fahr wohl, Ernst Krause (E.K.), fahr wohl, du schöner Urlaub! Unser Geniestreich war mißlungen.

Ich habe nun so eine Gabe, Menschen, die in irgendeiner Form minderwertig sind, dies zu verraten, ohne irgendeine Äußerung meinerseits. Den Leutnant Loose hielt ich für kolossal eingebildet. Ich wußte Manches besser als er, und mit seinem besten Willen konnte er mir nicht imponieren. Ich habe niemals opponiert, dafür war ich schon zu sehr Kriegswerkzeug geworden. Aber für seine Anordnungen konnte ich keine Begeisterung aufbringen, und das hat er bald gemerkt und mich von da ab mit seinem Haß verfolgt.

    Ich achte den offenen ehrlichen Gegner und achte ihn doppelt, wenn er mit gleichen Waffen kämpft. Ich ließe mir lieber den Kopf abreißen, als wieder von dem einmal eingeschlagenen Weg abzugehen. Ich verachte den Menschen, der seine Mitmenschen in gemeinsamen Gefahren im Stich läßt. Für das, was dieser Mann, wie ich im folgenden zeige, tat, um mich zu beseitigen, fehlen mir die Worte. Wir waren es von unserem Leutnant Müller gewohnt, daß er immer an der Spitze ging und die Gefahr erst selbst untersuchte, ehe er einen von uns hineinschickte. Leutnant Loose schickte mich zu einem Patrouilliengang allein in die Nacht hinaus. Ich habe den Befehl ausgeführt, ohne mit der Wimper zu zucken; aber den Blick aus meinen Augen hat er aufgefangen und richtig gedeutet - du feige Memme - . Es gibt Fälle im Leben, wo man bei der ersten Begegnung sich gleich sagt, wir sind einander nicht grün. So war es bei uns von vorneherein. Ich will noch weiter ergänzen, es gelingt mir nur bei ganz wenigen Mitmenschen von vornherein Sympathie zu gewinnen.

    Nur diese wenigen haben mich hernach mehr geliebt als wie andere. Ich bin immer für das Gründliche und liebe keine faulen Kompromisse. Daß ich für diesen Leutnant einen Wagen requirieren wollte, ändert daran nichts. Das Leitmotiv war mehr Sport als Liebe.

    Also dieser Loose teilt uns ein, die Posten zum Einbau der Gasflaschen zu besetzen. Die Posten waren numeriert. Ich hatte Nr. 18, trolle mit meinem Tellerbohrer ab. Je näher ich meiner Bestimmung kam, umso länger wurde mein Gesicht. Es war der einzige Raum im Abschnitt, der tagsüber von unserer Infanterie in 100 mtr Weite wegen des daraufliegenden Granatfeuers geräumt blieb. Der Graben schlug hier einen rechten Winkel nach links, machte eine Zickzackform. Der mittlere Balken dieses Zickzacks konnte am Tage gut von drüben eingesehen werden, und in dem Raum sollte ich zwei Stunden arbeiten. Die Infanteristen machten mitleidige Gesichter. Ich biß auf die Lippen und schritt durch. Meinetwegen! Was liegt an dir, wo so viele sterben müssen. Mein Gewissen hatte ich noch am Abend vorher in Ordnung gebracht und zwar, da ein Feldgeistlicher nicht aufzutreiben war, bei einem flämischen Geistlichen. Wir hatten uns verständigt, so gut es ging. Ich konnte so ziemlich perfekt Französisch; aber französisch sündigen, das hatte ich noch nicht gelernt. Der Mann hatte aber das größte Verständnis für meine Gewissensnot, und ich schied mit dem Segen des Herrn, voll inneren Friedens, von ihm. Und das gab mir diesen Morgen Festigkeit.

Man denke sich meine Lage. So sicher wie der Verurteilte, wenn er seinen Kopf auf den Block legt, konnte ich den Tod erwarten. Heldentot - ja, beim Angriff ist er nichts Fürchterliches; aber so ganz ohne Gegenwehr, nur als Zielscheibe zu stehen, das halte aus, wer will -. Im übrigen tröstete ich mich, wenn unser Herrgott nicht will, dann mag Loose tausendmal wollen, und es geschieht mir nichts.

Eben trugen zwei Sanitäter einen Infanteristen vorbei auf einer Bahre. Er hatte auf Posten einen Schuß in die Schläfe bekommen. Die ganze Gestalt war zugedeckt, nur ein Arm baumelte herunter. Ob er noch lebte?

Das war kein gutes Omen. Gott schütze mich und ran an die Arbeit! Gemäß den wohlgemeinten Ratschlägen der Infanterie duckte ich mich, so gut als es ging, in die Deckung und suchte durch möglichst schnelle Arbeit die Spanne der Gefahr zu verkürzen. Ich sollte für sechs Gasflaschen ca. zwei Meter tiefe Löcher bohren. Die Zeit für möglichst unbehindertes Arbeiten war die günstigste. Drüben bereiteten sie ihren Morgenkaffee. Durch den Frühnebel war nichts zu sehen; aber man konnte die Kochgeschirre klappern hören. Rechts und links von mir in 50 mtr Abstand hatte ich die Infanterie als Zuschauer. Sie glaubte mich auf verlorenem Posten. Was unsere Arbeit eigentlich bezweckte, das schwante ihnen nur dunkel. Sie wußten nur, daß wir den Gegner ausräuchern sollten.

Das Reguläre Frontschwein

Foto: Frank Hurley, Australian War Memorial ID Nr. E00837

Plankenlegen über die Schlammlöcher in Passchendaele, 5. October 1917

Tellerbohrer - Acht Stunden im Schlammwasser

Schloßpark von Geluvelt -Wytschaete-Bogen

Mit so einem Tellerbohrer muß man arbeiten gelernt haben. Erst kam ich gut voran. Dann stieß ich in halbmeter Tiefe auf Widerstand. Ich dampfte und schwitzte, weil ich doch unbedingt vor Ende der Kaffeepause da drüben fertig sein wollte. Der Bohrer ging auch keinen Zentimeter weiter. Ich setzte zu einem frischen Loch daneben an, bohrte und bohrte, stieß wieder auf Widerstand, der indes nach kurzer Anstrengung nachgab, ziehe den Tellerbohrer heraus, und was fördere ich zutage - eine weiße Hand - was machen? Alles Mißgeschick scheint heute über mich heraufbeschworen. Wieder zumachen? Geht nicht, hier ist meine Nummer, und da muß die Batterie eingebaut werden - und wenn schon - wieviel Tote lagen hier nebeneinander! Es ist Krieg - und dem tut's ja doch nicht mehr weh.

Ich bohre weiter. Ein fürchterlicher Gestank steigt aus dem Loch. Ich hole die erste Flasche und lasse sie hineinplumpsen. Wahrscheinlich sitzt sie nicht tief genug; aber herausholen kann ich sie auch nicht mehr. Dann das nächste Loch. Wieder dieser Widerstand, als wenn ich durch Kleider bohre. Der Gestank nimmt noch mehr zu. Am Ende bin ich gerade auf ein Massengrab gestoßen. Vorübergehende raten mir, das Loch zuzulassen. Sie gehen hastig und meinen, ich solle lieber Feierabend machen, da drüben kämen bald die ersten vom Tage. Wenn's auf Leben und Tod geht, kann man was leisten. Ich schaffte meine sechs Löcher, ehe ich tot war und verkrümelte mich seitwärts.

Dann kam meine Ablösung, ein ruhiger, braver Einjähriger, aus dem Westerwald daheim. Die mir erteilten Ratschläge übermittelte ich ihm. Ich durfte mich eigentlich zurückziehen, blieb aber noch ein wenig. Und kaum war Münster an meiner Batterie, ein Knall, ein Fall, und zischend steigt eine gelbe, träge Wolke hoch. Ich bin mit zwei bis drei Fußsprüngen zur Stelle, schmeiße die Salzdecke darüber und zerre den Gefallenen hinweg. Eine Granate schlägt noch hinter dem Graben ein, daß mir die Fetzen um den Kopf wirbeln. In diesem Moment ist die Aufmerksamkeit auf ganz was anderes als die Gefahr konzentriert. Zwei Infanteristen springen mir entgegen und helfen den Bewußtlosen bergen.

Im Vorbeigehen sage ich den anderen, nur ja nicht zu dicht an die gelbe Wolke heranzugehen, da die Gefahr totbringend sei.

Den armen Teufel liefern wir am Sanitätsunterstand ab, dann eile ich, um Meldung zu erstatten und dann wieder zur Unglückstelle. Am hellichten Tag ranzukommen, ist sicherer Untergang. Ich beziehe einstweilen Beobachtung per Distance. Von rechtswegen müßte über die Decke noch Erde, um das Gas hermetisch abzudichten. Geht nicht, weil die da drüben mich bestimmt beobachten würden, noch mehr Gasflaschen dann zertrümmern und dann das Unglück vergrößern. Der nächst gelegene Unterstand war ein hochherrschaftlicher Kleiderschrank aus dem nahen Schloß. Reichlich Raum war vorhanden für zwei Mann und noch ein Feldöfchen mittendrin.

Nach getaner Arbeit ist gut Kaffee trinken. Ich sitze also einem braven Muskoten im Kleiderschrank gegenüber. Er schneidet mir brav ein Stück von seiner Wurst herunter. Ich futtere, und wie ich grad den Mund recht voll gestopft habe, bleibt mir der Bissen im Mund stecken. Wieder ein Schuß in der Nähe! Der Infanterist lacht. Ich starre ihn an.

»Bleibt nur sitzen, es ist ja doch nur das obligate Frühkonzert. Die schießen nicht auf den Graben, sondern auf den Schloßeingang.«

»Ja, Junge, und wenn sie die Gasflaschen zertöppern, verrecken wir im Schrank ohne alle Musik.«

Nachdem ich schnell um die Ecke geschielt und mich überzeugt, daß noch alles in Butter, schlüpfe ich wieder zurück und werde von dem Infanteristen mit Fragen bestürmt. Er hatte sozusagen gar keine Ahnung. Er, wie alle anderen; denn wir machten stets nur allgemeine vage Andeutungen. Aus guten Gründen. Denn grade auf diesem Abschnitt waren zahlreiche Elsässer, und fast jeden Morgen vernahm man, daß wieder einer übergelaufen sei.

Wie die Überläufer heil und unbemerkt hinübergelangten, war mir schleierhaft. Die ganze Nacht hindurch brodelte das Gewehrfeuer mehr von drüben wie von hüben. Die Entfernung zwischen den feindlichen Gräben war vielleicht hundert Meter. Aber was lag nicht alles dazwischen? Drahtverhaue, spanische Reiter, Astverhau, alles wild durcheinander. Ein schweres Stück Arbeit, bei den dauernd hochflackernden Leuchtkugeln unbemerkt durchzukommen! Aber es kamen sehr viele hindurch. Wir wurden also gründlich verraten. Daß von der feindlichen Seite jemand überlief, habe ich auf meinen Abschnitten nicht bemerkt.

Auf einer Nachtpatrouille fiel uns ein baumlanger englischer Offizier mit seinem Burschen in die Hände, so widerstandslos, daß er beinahe den Anschein des Überläufers erweckte. Der Offizier sah phlegmatisch aus. Wir beneideten ihn um seine Kanonenstiefel, die ganz aus Gummi hergestellt waren und in diesem Sumpfe hier sehr gute Dienste taten.

Durch die Wirrnis zwischen den Gräben wurden von beiden Seiten Gassen getrieben. Die Deutschen gerieten dabei auf eine Kartoffelmiete, und alsbald kam einer auf die Idee, mit Kartoffeln auf die Engländer zu werfen. Alsbald kam von drüben Antwort, Fleischkonserven, Fischkonserven usw. Gierig griffen die Feldgrauen danach. Bis auf einmal so sein Ding mit lautem Knall explodierte. Man hatte wohl so eine Büchse leer gemacht und Sprengstoff mit Zündhütchen hineingebracht.

Quidquid it est, timeo danaos et dona ferentes. Schnell wurde eine Quittung in Gestalt behelfsmäßiger Handgranaten erteilt. Das waren alte Konservendosen mit allen möglichen verrosteten Eisen, wie Hufnägel, Stahlsplitter, sogar Steinchen, dazwischen eine Packung Sprengstoff, eine Zündschnur dran. Zuverlässig waren die Dinger nicht, und manchmal dauerte es ein bißchen lange, bis sie losgingen oder man bekam sie postwendend wieder retour. Ebenso behelfsmäßig oder kriegsunbrauchbar waren die Gewehrgranaten. Sehr unsicheres Ziel, und dann konnte man ihren Flug gut beobachten und beizeiten beiseite hüpfen.

Alles in allem war der Krieg zu dieser Zeit gegen später noch ziemlich harmlos. Artillerie wurde bei uns sehr gespart. In ca. drei Wochen hatten wir einen einzigen Angriff, und was für einen! Zu der Zeit war es noch usus, daß Pioniere, genau nach dem Reglement 20-30 Schritte vornweg zu tun hatten. Unsere Pioniere hatten treu und brav die ihnen gestellte Aufgabe gelöst, die geballten Ladungen ins feindliche Drahtverhau geworfen und warteten nun auf die nachkommende Infanterie, um in die feindliche Stellung reinzuspringen. Sie kam nicht, die elsässische Infanterie; jedenfalls ließ sie den geeigneten Moment verstreichen, und als wir uns verwundert umguckten, da kriegten wir es von den Engländern, daß wir schleunigst die Nase wieder in den Dreck steckten.

Und nun - glaubt es oder glaubt es nicht - ich stürzte in ein altes Granatloch, und mein Nebenmann sprang zu mir, daß der Schlamm hoch aufspritzte. Und im gottverdammten Schlamm blieben wir liegen von acht Uhr morgens bis fünf Uhr abends, wo wir wieder zurückkriechen konnten.

Wir lagen im Monat Januar 1915 im Park von Geluvelt acht Stunden bis an den Hals im Schlammwasser - und sind nicht gestorben!!

Gestorben worden von englischen Kugeln sind alle meine braven Kameraden, brave Pioniere vom Pionierbataillon 22, dank des Verrats und der Feigheit derer vom Reserve-Infanterieregiment 171. Das Lächerlichste für mich bei der ganzen Sache war das, daß ich eigentlich gar nichts dabei zu tun hatte. Denn ich war Gaspionier und hatte keinesfalls Ordre, mich zu beteiligen. Meine Kameraden wußten von dem ganzen Zauber nichts und lagen in der Reserve.

Sobald ich wieder bei den Meinen war, ließ ich mir Rum geben, so viel als möglich, betrank mich mordsmäßig und überließ alles weitere einem Sanitäter, der mich ganz auszog und mich in Kleider gefallener Kameraden hüllte. Volle 24 Stunden habe ich wie ein Sack in seinem Unterstand gelegen und geschlafen. Er ließ mich mit dem Rotkreuzwagen weiterschlafend nach »Hause« bringen. Und der Arzt kam, fragte sehr viel, schüttelte den Kopf und verordnete Bettruhe - trotzdem ich über nichts klagte. Aber warum soll man's sich nicht gönnen, wenn man es billig haben kann -. Rum ist manchmal auch zu etwas gut.

Da der Arzt mit dem besten Willen nichts Krankes an mir entdecken konnte, wurde ich wieder dienstfähig. Also wieder in den Schlamassel. Ich sagte eben schon, daß in unserer Ecke noch nicht der gefährlichste Krieg war. Von Artillerie wurden wir aus oft genannten Gründen fast gar nicht belästigt. Wie hätte man sonst so ruhig schlafen können - in dem umgekippten Kleiderschrank. - Jawohl, als Schlafidyll hatte ich für mich einen Kleiderschrank zu zwei Mann. Er war rittlings umgekippt - und wenn wir schlafen wollten, dann hob man einfach die Tür hoch - manchesmal lag jemand drin. Also ließ man ihn aussteigen oder quetschte sich eben neben ihn, in eine Decke gehüllt, ließ dann die Türe zuklappen - und schlief dann wie in Abrahams Schoß. Jawohl, man schlief, und schlief den Umständen entgegen sogar gut; oder wenigstens besser als die armen Teufel in der Gasse in den Mantel gewickelt auf bloßem Boden. Man denke sich - ich habe es selbst gesehen - im Januar nur mit einem Mantel und vielleicht noch einer keineswegs großartigen Decke extra geschützt auf blank gefrorener Erde schlafen!

Oh stilles, ungepriesenes Heldentum! Zu meiner Schande muß ich gestehen, - daß ich solch unmenschlichen Anforderungen mich nicht gewachsen fühlte - und mir deshalb mit einigen anderen in stundenlanger mühsamer Arbeit oben besagten Schrank aus Geluvelt ranschaffte! Einen umgestülpten Kleiderschrank als Unterstand. Mehr als lange Schilderungen dokumentiert diese Tatsache, daß wir uns in einer den Umständen nach verhältnismäßig ruhigen Stellung befanden. Hätte es in diesen Wochen, als die Gasflaschen schon lange eingebaut waren, dem Engländer gefallen, unsere Stellung mal richtig mit Artillerie zuzudecken, wer weiß, was uns noch geblüht hätte. Daran dachte ich oft, und ebenso oft probte ich die Windrichtung, was fast nur zu unseren Ungunsten ausfiel; denn in Flandern herrscht fast ununterbrochen im Winter der Boreas, der Nordwestwind. Mit seiner Hilfe hätte die englische Artillerie leicht jene furchtbare Niederlage uns bereiten können, die er lange nachher von uns bekam. Nichts dergleichen geschah, im Gegenteil! Wir waren mobiler als der Engländer. Er schien übrigens etwas zu schwanen. Fast jeden Morgen um die selbe Zeit erschien ein englischer Flieger, der genau unserer Stellung entlang flog bis zu dem Schloß, das ich früher erwähnte. Über dem Schloß machte er dann zum Schluß eine Schleife und flog ab. Irgendwoher ist in mein Bewußtsein geraten, daß jener feindliche Flieger ein belgischer Offizier gewesen sei, der regelmäßig seinem Schloß, auf dem er mit einer Mätresse gehaust habe, Besuche abstatte.

Wie gesagt, es war sehr ruhig mit der Artillerie in unserer Stellung und zwar, wie wir bald zu unserem Schrecken erfuhren, aus folgendem Grunde. Kurz links von uns am Wytschaete-Bogen bereiteten die Engländer insgeheim eine große Sprengung vor, in einem Umfange, wie es bisher in der Welt- und Kriegsgeschichte nie dagewesen war. Sowas hatte ich in meinen fürchterlichsten Träumen noch nie geschwant. Ich war ja weit genug entfernt, um unmittelbar betroffen zu werden. Ich saß in einem Dreckloch von Unterstand und tastete im Dunkeln nach dem Stückchen Kuchen, das der Infanterist aus seinem Feldpostpaketchen mir reichte. Da - ein Rums und ein Krachen, wie es am jüngsten Tage nicht fürchterlicher sein kann. Blitz, Donner und Hagel, - was ist los? Im Moment beziehen wir Alarmposten. Pechfinster ist die Nacht. An allen Schießscharten flammen und knallen Gewehrschüsse. Maschinengewehre geben Salven ab. Der reinste Hexensabbat. Links von uns brüllt, dröhnt, flammt und donnert es. Fernes Gebrüll. Es juckt mir das Fell, weil ich immer mit der Nase dabei sein muß, wo etwas los ist. Bei uns ist gar nichts los, abgesehen von dem wahnsinnigen Geknalle. Aber links, links, da muß etwas los sein, da wackelt bedenklich die Wand. Dort stand doch ein Cousin von mir, und ihm verdanke ich auch eine ziemlich genaue Schilderung.

Die Engländer hatten ein allmächtiges Loch gesprengt. Alles, was in seinem Bereich sich befand, ging in die Luft. Unmittelbar nach der Sprengung stießen die Engländer nach und besetzten den Rand des

Sprengtrichters, stießen aber bei weiterem Vordringen auf Widerstand. Ein Deutscher kämpfte gegen drei Engländer.

Die Engländer wurden nicht nur abgewiesen, sondern auch noch zurückgejagt. Die Unseren machten sofort einen Gegenstoß, wobei die Pioniere ganze Kisten voll geballter Ladungen in den Trichter warfen. Die bayrische Infanterie soll bei dieser Arbeit den Rock ausgezogen und, in jeder Hand ein Messer, wie die Löwen auf den Engländer losgegangen sein.

Foto: Unbekannt, Attribution: Bundesarchiv, Bild 146-1976-076-29A / CC-BY-SA

Ausgebauter Sprengtrichter an der Westfront 1914

Quelle: Unbekannt, Attribution: Bundesarchiv, Bild 146-1976-076-28A / CC-BY-SA

Sprengtrichter in Flandern Februar 1916

Das Reguläre Frontschwein

Foto: **Unbekannt**, Attribution: Bundesarchiv, Bild 146-1974-048-14 / CC-BY-SA

Medizinische Quartiere für Offiziere an der Westfront 1914

Eine Postkarte genügt, um jederzeit Ersatz für Dich zu kriegen!

Menin - Roulers - Staden - das Land um Ipern

Seit jenem Tage war es sehr ungemütlich geworden. Als wir am Morgen aus der Stellung gingen, müssen wir von dem feindlichen Artilleriebeobachter gesehen worden sein. Wir waren etwa 500 Meter hinter der Stellung, als wir eine Lage Artilleriefeuer bekamen, daß uns Hören und Sehen verging. Wir sprangen durcheinander wie die Kaninchen, wenn ein Hund dazwischen geraten ist. Ich suchte Deckung in einem zerschossenen Hause und sprang die Kellertreppe hinunter, etwa in dem Moment, als vor der Haustüre eine zischend gleißende Granate einschlug und krepierte. Beinahe wäre ich versoffen, denn der Keller war bis einen halben Meter unter der Decke mit Wasser gefüllt. Ich sprang schnell zurück und lugte hinein. Da schwammen in dem Wasser des Kellers eine Stellage, ein toter Hund und Sonstiges. Ich war der Letzten einer gewesen, und das Gros war schon weiter voraus, und dorthin konzentrierte sich das Feuer.

Ich blieb also in dem Hause und sah mich ein bißchen um. In der Küche war alles zertrümmert, vermodert und verwest. An den Wänden hingen die charakteristischen Schmuckstücke armer Leute. Eine Sammlung Ansichtspostkarten war festgenagelt. Auf einem windschiefen Vertikow standen ein paar Nippes, eine Lourdes-Figur mit einem Rosenkranz. Es war noch alles vorhanden, was man zurückgelassen hatte; denn erstens war in diesem armen Häuschen nichts zu finden, und zweitens war der Aufenthalt auf keinen Fall geheuer, denn er konnte hier vom Feinde gut eingesehen werden. Wie komme ich nur fort? Immer an der Wand lang, - still und schnell. Ich luge ein wenig, den Kopf beinahe an der Erde, zur Tür hinaus und spring' bis zum nächsten Hause etwa 60 mtr weiter, flitze in dieses Haus, das an der Hinterwand ein Granatloch hatte, durch das ich hinausspringe, dann eine Lichtung von 100 mtr, und ich bin im Dorf drin. Die 100 mtr bin ich gerannt, wie nur einer um sein Leben rennt.

Ratsch! Vor meinen Augen sprüht Feuer. Vielleicht fünf Meter vor mir, und nur dem Umstand, daß Schrappnelle nur nach vorne streuen, verdanke ich noch einmal mein Leben. Noch ein paar Dinger streuen hier. Ich finde nirgends eine einigermaßen genügende Deckung, lehne mich stockend an eine Mauer, krieche auf dem Boden weiter, bis ich zwischen die zerschossenen Häuser gerate. Dabei verziehe ich mich absichtlich von der Hauptstraße und höre auf einmal das Schreien eines Schwerverwundeten.

In einem Hause, wo das Dach, in diesem Falle nur die Sparren, auf der einen Seite in Folge der zerschossenen Giebelwand bis halb auf die Straße hingen, lag der Ärmste, und bei ihm standen der Leutnant und einige Kameraden. Er hatte beim Laufen einen faustgroßen Granatsplitter in das Gesäß bekommen. Mit den behelfsmäßigen Päckchen war er, so gut es ging, verbunden worden. Aber die große Wunde konnte damit nicht gedeckt werden. Es war klar, der Ärmste mußte verbluten. Bald wurden seine Lippen blau, weiß, die Augen weit - ach Mutter - war sein letzter Hauch. Sein Haupt sank müde zur Seite - er war tot.

Wir trugen ihn nach Gheluwe und setzten ihn dort des Nachmittags bei. Außer diesem Toten hatten wir den Tag noch drei Leichtverletzte. Das war ein bißchen viel auf einmal. Die Ecke fing allmählich an zu stinken. Nun habe ich später viel schlimmeren Krieg erlebt; aber die Erinnerung gerade an diese Kante, wird mir stets eine der widerwärtigsten, häßlichsten des ganzen Krieges bleiben. Der ganze Krieg dort war nur Finsternis, ewiger Sprühregen, richtig wie im Land des Todes. Am Tage schliefen wir, in der Nacht hatten wir schwere Arbeit. Sonderbar kam es uns vor, als wir auf einmal etwas weiter hinter der Front am Tage zu arbeiten hatten. Das kam uns ganz ungewohnt vor. Wir sahen zum ersten Mal etwas genauer, was wir tagtäglich zu tun hatten. Wir warfen am Ende des Dorfes an einem Hange Stollen aus, mußten zu dem Zwecke erstmal dem Wasser Abfluß verschaffen, indem wir den Straßengraben vom Schlamm reinigten.

Nachdem wir so einen halben Meter schwarzen Schlamm weggeschöpft, stießen wir auf etwas, was nicht Stein, nicht Holz war und doch dem Spaten zähen Widerstand leistete. Wir gingen dem Widerstand nach, zerrten und stießen uns und - sahen, daß wir keine feldgraue - nein, schwarze Leiche vor uns hatten. Sofort gingen wir behutsam vor. Ein Strick wurde geholt, unter dem Koppel durchgezogen, und dann mußten wir eben auf diese Art den Körper hervorzerren. Anfassen war natürlich ganz unmöglich. Die Leiche lag schon wenigstens ein halbes Jahr in dem Schlamm. Von oben bis unten eine schwarze, stinkende Masse. Die Knie waren fest an den Leib gezogen, die Arme gegen den Leib gepreßt. Bei dem Versuch, die Arme anders zu legen, legten wir eine faustgroße Wunde bloß, aus der sofort Flüssigkeit und die Eingeweide quollen. Nun nahmen wir Wasser und gossen die Leiche von oben bis unten ab und siehe, die Hände wurden so weißrosig schimmernd, daß man meinen konnte, es seien die Hände eines Lebenden.

Mit großem Mitleid und großer Liebe gruben wir dann ein Grab, deckten es mit Zweigen zu und, weil es in der Nähe auf den Stauden so viel davon gab, mit Blättern aus und legten den Toten darauf. Einer, von dem niemand geglaubt, daß er auch beten könne, sprach polternd ein »Vaterunser«, - ganz impulsiv -. Wir sangen »ich hatt' einen Kameraden« und deckten ihn zu. Du warst ja nur ein armer Muskot. Deswegen ließ man dich wie einen toten Hund im Straßengraben liegen und verwesen. Nach dir krähte kein Hahn mehr. Daheim hatten sie nur eine knappe Mitteilung - oder hatten auch noch nicht mal diese -, daß du vor Ipern gefallen. Wärest du Offizier, etwas Höheres gewesen, dann hätte man dich eher vermißt und vielleicht noch ein Dutzend Muskoten geopfert, um deinen Kadaver zu bergen.

Soll es doch vorgekommen sein, daß so ein Vieh von Komapanieführer zu dem, der am Umfallen war, wenn er vor Übermüdung nicht weiter konnte, vom Pferde runter zurief:
»Verrecke, du Vieh, eine Postkarte genügt, um jederzeit Ersatz für dich zu kriegen!«

Dem Toten hatten wir Erkennungsmarken abgenommen, um sie später an der Kommandantur abzuliefern. Denn seine Kameraden, die noch übriggeblieben waren, damals, befanden sich längst woanders. Viele sind damals mit ihm geblieben; denn wie ich schon früher sagte, war das ganze Gelände hier hinter der Front, zumal im Park, zwischen Geluvelt und La Hogue, mit Toten übersät, jetzt noch nach einem halben Jahr. Viele, viele hatte man schon, wenn auch nur notdürftig, begraben. Einfache Stöcke, auf denen ein Helm hing, wiesen auf Schritt und Tritt darauf hin.

Das Land um Ipern hat das Blut der Garde getrunken. An den Helmen sahen wir es - Augustaner, Alexanderer, Elisabether, Gardeschützen. Ganz erbitterte Kämpfe müssen damals in diesem Gelände stattgefunden haben, und hier sind die Engländer auch keinen Schritt mehr gewichen, müssen auch lange nicht solche Verluste wie die Unseren gehabt haben, denn ganz selten sah man dazwischen englische Tote.

Und jetzt wurden wir auf einmal wieder daran erinnert, daß Spazierengehen auf dem Schlachtfelde im Angesicht des Feindes, wenn er auch etwas weiter ab sich befindet, keineswegs zu den ungefährlichen Sachen des Krieges gehört. Ratsch - wumm und viermal kurz hintereinander - aha, die Groschenbatterie oder Blechkanonen hatten uns beobachtet, sandten mehrere Lagen herüber. Da wir aber hinter dem Hange arbeiteten, machten wir uns nicht viel daraus, sondern waren frech genug, auch noch die Einschläge zu beobachten, die haarscharf über die Kimme des Hangs hundert Meter weitergingen. Die Engländer durften so stundenlang schießen, während unsere Artillerie nicht ein einziges Mal das Maul auftat.

Man kann sich furchtbar schnell an den Krieg, auch an Artillerie gewöhnen. Wohl zog man noch für den Moment den Kopf ein, wenn eine Granate darüber wegzischte, es war aber wohl mehr nur noch unwillkürliche Reflexbewegung. Man war es schon gewohnt.

Genau so wie der Maulesel von der Infanterie, der jede Nacht den Weg von Geluvelt nach dem Park machte, Post, Verbandsstoffe, alles lud man ihm auf. Er kannte den Weg so genau, daß man ihn ganz alleine, ohne Führer, hin und her schickte. Und er kam immer heil an. Auch eines der großen Wunderdinge des Krieges; denn über den Weg quietschten die ganze Nacht Gewehrkugeln, abgesehen von den gelegentlichen Artillerie-Feuerüberfällen.

Die Tagarbeit hatte u.a. noch etwas Gutes auf sich, daß man in den Ruhepausen sich mal richtig entlausen konnte. Du lieber Himmel, hatten wir Läuse! Ihr Lieblingsaufenthalt war die feldgraue Halsbinde. Das kürzeste Verfahren war eben dies, daß man sie speziell aus der Halsbinde mit dem Taschenmesser abschabte. In dem Kopfschützer, der Bauchbinde, gab es nicht viel weniger. Die mußten dann einzeln abgesucht werden. Dabei gab es dann auch ganz große, die auf dem Rücken schwarz punktiert waren, und es hieß, daß das alte Kämpen seien, die sich das Eiserne Kreuz schon erworben hatten. Wen es juckt, der kratze sich! Vom vielen Kratzen wurde die Haut blutig. An den Beinen war es am schlimmsten. Und die kleinen Kratzwunden entzündeten sich, bis sie groß und noch größer wurden, so daß die Beine aussahen, als ob das halbe Fleisch versengt sei.

Oh, hatten wir Läuse, oder besser, die Läuse hatten uns! Hatten uns alle und hatten jene, die von Haus aus die Vornehmsten waren, am meisten. Ein Referendar, einjähriger Kriegsfreiwilliger, wimmelte nur so von Ungeziefer. Selbst der Leutnant mußte sich heimlich kratzen. Es war ein Heldenverzweiflungskampf, den wir gegen das Ungeziefer führten. Alles war verlaust, sämtliche Unterstände, sämtliche Quartiere, so daß ich mein Mitleid den armen Belgiern zuwandte. Denn niemals, auch nach diesem Krieg nicht, war ich der Überzeugung, daß sie das Ungeziefer jemals wieder loswürden. Angeblich sollen die Läuse von der Ostfront importiert worden sein. Ob's stimmt, einerlei, sie waren da und machten uns viel, sehr viel zu schaffen, und alle Bäder und Mittelchen halfen gar nichts. Sie hatten uns, und wer frisch entlaust war, befand sich in kürzester Zeit wieder in vollständig verlaustem Zustande, den man schließlich als eine Norm hinnahm. Pfui Teufel, wären es wenigstens noch Flöhe gewesen; aber nur schmutzige Läuse! Ich habe auch später nie wieder eine derartig verlauste Gegend angetroffen als gerade jene bei Gheluwe.

Es war so was wie eine Erlösung, als ein Teil unseres Bataillons, unter dem ich mich auch befand, nach einer anderen Gegend transportiert werden sollte.

Wir standen aufgestellt abmarschbereit. Das erste Mal seit langer Zeit, daß so viele von uns auf einmal beisammen waren. Für den Häring mal wieder die ersehnte Gelegenheit, sein verruchtes Organ schallen zu lassen. Der Leutnant plusterte sich nicht weniger auf. Na, wir waren nicht mehr die harmlosen Kinder von ehedem. Und als der Leutnant so einem echten Hamburger ein bissel zu dumm vor der Nase herumfummelt, haut der ihm eine echte Zimmermannswatschen runter, daß seine schöne, wohlgeformte, seidene Leutnantsmütze in den Dreck segelt. Häring macht einen Sprung durch die Luft, brüllt zufällig mich an, den Mann sofort zur Kommandantur mit aufgepflanztem Bajonett, scharf geladen, zu bringen.

Dem Hamburger waren die Adern wie Stricke geschwollen. Ich kannte ihn gut.

»Denn geih mal mit, Kerl, dann bist du rut ut dem Schiet!«

Er stutzt, sieht mich an, ich weiß nicht, ob er im nächsten Moment mich anspringen will. Aber dann glättet sich seine Stirn, da ich ihn kameradschaftlich anblicke.

»Dat kann woll liger möglich sin«, und geht mit mir los.

Hinter der nächsten Ecke stecke ich mein Seitengewehr ein und hänge meinen Karabiner über die Schulter. Wir kommen zur Kommandantur. Ich stelle ihm frei, sich dort vorzustellen. Ich für meine Person habe meinen Befehl ausgeführt und lehne alles andere ab.

»Na, denn lat uns noch in der Kantin erst noch nen lütten Rum sugen!«

Das haben wir getan, nicht nur einen, sondern mindestens zwanzig, und wie ich meinen Transport noch erreicht, ist mir bis heute noch schleierhaft. Mein Schutzbefohlener blieb, wie ich später erfuhr, bis zuletzt, besoff sich totaliter, stürzte in der Nacht schwer, verletzte sich schwer am Kopfe und kam als »Verwundeter« ins Lazarett und dann nach Deutschland, und mir hat er ein Paket geschickt, worin er mir schrieb, unter keinen Umständen zu verraten, daß er in Deutschland sei.

Ja, und wir fuhren zunächst bis Menin. Mit der Kleinbahn. Und dann stiegen wir in die Normalbahn um, ich merkte nichts vom Transport, weil der Alkohol mich überwältigt hatte. Ich kam zu mir in Roulers. Dies liegt von Menin vielleicht 50-60 Kilometer entfernt. Wir hatten zu dieser Strecke die ganze Nacht gebraucht. In Roulers wurden wir wiedermal in die Kleinbahn verladen. Nicht gleich, sondern erst am Nachmittag. Diesmal ging der Transport im offenen Güterwagen. Es war schon Anfang März geworden. Das Wetter war an und für sich nicht kalt; aber der ewige flandrische Sprühregen wirkte drückend. Dazu das ewig gleiche flandrische Landschaftsbild: Pappeln und nochmals Pappeln. Von der eintägigen Fahrt ist mir nur in Erinnerung geblieben, daß wir vom Zuge aus beobachteten, wie ein canis dominicalis sich an einer sus officinalis verging. Gegen Abend kamen wir in Staden, einem Kaff, an. Dort wurden wir ausgebootet und standen mit dicken Köpfen und kein Mensch wußte, was weiter geschehen solle. Wir konnten aber doch nicht die ganze Nacht auf der Straße stehenbleiben. Die Ortskommandantur wußte von nichts. Das Dorf war mit Truppen bis unter die Sparren vollgestopft.

»Je sechs Mann auf ein Haus! Sucht euch selbst Quartiere!«

Ja, Kuchen. Da hättet ihr unsere lieben Kameraden von der Artillerie sehen sollen! Sie waren obstinat und wollten uns überall den Eintritt verwehren. Ich trat einfach in eine Stube, wo eine Gruppe Artilleristen beim Skat saßen.

»Ein armer Feldgrauer, sechs Wochen keinen trockenen Faden mehr am Leibe gehabt, bittet um Obdach!« - und setzte mich auf eine wackelige Bank und blieb sitzen, und in den nächsten fünf Minuten war ich fest im Sitzen eingeschlafen, kriegte im Traum gleich einen Engländer zu sehr am Halse und schlug mit samt der Bank um, daß ich von dem Krach wieder jäh erwachte. Da hatten sie schließlich doch Erbarmen und führten mich in den Stall zu den Pferden, und auf halbfaulem Stroh schlief ich wie in Abrahams Schoß.

Eine Postkarte genügt, um jederzeit Ersatz für Dich zu kriegen!

Großartig schlief ich bis in den hellen Morgen. Und am Morgen gaben mir die Herren von der Artillerie einen ersten Bohnenkaffee, und ich schied von ihnen mit den besten Wünschen.

Quelle: Postkarte vom ersten Weltkrieg, Hermann Hilger Verlag, Berlin/Leipzig

Feldbahn in den Argonnen ca. 1915

Das Reguläre Frontschwein

Foto: Unbekannt, Namensnennung: Bundesarchiv, Bild 104-0176 / CC-BY-SA

Feldbahn in den Argonnen

Dicke Berta

In den Houthulster Wald

Die Kompanie fand sich allmählich vor dem Bahnhof zusammen. Es stand wieder ein Güterzug bereit, der uns frontwärts brachte, in den Houthulster Wald. Im Wald und auf der Heide, da ist mir ein Krieg schon viel sympathischer. Es war ein wunderbar hochstämmiger Wald. Dorthinein hatten die Deutschen eine Eisenbahnlinie gelegt. Ein Strang zweigte mitten im Wald ab ins Gebüsch. Man tuschelte, daß dort die »Dicke Berta« stünde. Wir machten Stilaugen, sahen aber nichts als auf einem großen, freien Platz einen riesigen Kupferkessel im Gebüsch versoffen, und oben zwischen den Bäumen sah man ein unbestimmtes Etwas schimmern, was vielleicht das Ausschußrohr sein konnte.

Es ist gut, wenn man unterwegs die Augen offen hält, was sich später weisen wird. Also wir fuhren mit der »Albrecht« Bahn schön durch den hohen Wald. Und hielten auf einmal mitten in demselben und durften aussteigen. Na, das sah für mich, den Waldfuchs, anheimelnd aus. Schön, sehr schön.

Unser Zug ergriff schnell die Flucht, nachdem er uns ausgespien. Aus gutem Grund. Denn wir waren ziemlich nahe an die Front rangefahren; und kaum hundert Meter weiter spien vier Mörser einen donnernden Salut, just in dem Moment, als wir anlangten. Dunnerlittchen, hier scheinen »sie« auch scharf zu schießen. Was machen wir hier im Urwald? Trotzdem wir nun im Urwald saßen, waren wir hier nicht so lange Waisenkinder wie am Abend vorher in Staden.

Unsere Ankunft war avisiert, und in einer Minute standen wir vor unserem neuen Quartier - dem feinsten D-Zugswagen -. Was, solche Quartiere sollten wir haben, wirklich? - D-Zugswagen 2. und 3. Klasse. Die Wagen standen auf einem Nebengeleise, gleich fahrbereit. Der Spieß mit seinen Trabanten bekam den Gepäckwagen als Schreibstube, und je 20 Mann von uns verteilten sich auf einen D-Zugswagen.

Das war ein kostspieliges Quartier. So ein Wagen kostete ehemals 49000- 50000 Mark das Stück. Diese waren noch ziemlich gut erhalten. Jedes Abteil wurde für 3- 4 Mann eingerichtet, und bei dieser Arbeit verfuhr man nicht sehr schonend. Die Bänke wurden mit Latten verbunden und darüber Stroh gepackt. In die Seitenwände wurden kolossale Nägel eingeklopft und Affen und Gewehre darangehängt. Den Zug entlang lief ein Knüppelsteg, und wer daneben trat, geriet stellenweise bis an die Knie in den Schlamm. Also eingerichtet hatten wir uns furchtbar schnell, und dann wollten wir gern mal wieder was Warmes in den Leib haben.

Einen Küchenbullen hatten wir und Stoff für die Küche auch, aber einen Kessel hatten wir nicht. Hatten keinen und konnten also auch nicht kochen. Unsere Küche war nämlich bei der besseren Hälfte in Gheluwe verblieben. Wir hielten also Kriegsrat.

»Was tun?« spricht Zeus. Einen Kessel können wir kriegen; nach altpreußischem Rezept, meinte ich. Aber sechs Mann müsse ich mithaben. Sofort spritzten sechs Mann vor, und alsbald wandelten wir auf dem Kriegspfad, Richtung »Dicke Berta«.

In einer guten halben Stunde sind wir da. Also zwei Mann pirschen sich von rechts, zwei ganz von links an die »Dicke Berta« ran und suchen die Aufmerksamkeit der Posten auf sich zu lenken, damit sie von dem Zweck unseres Kommens keinen Wind bekommen. Gesagt, getan!

Verboten war der Zutritt bei der »Dicken Berta« für Unbeschäftigte. Mit Hordengebrüll stürzten die Posten auf die Zudringlichen, die sehr heimlich taten. Es entstand Rede und Gegenrede, und in dieser Zeit sprangen mein Begleiter und ich wie die Indianer lautlos aus dem Busch, hängten den schönen Kupferkessel ab und schlichen, ebenso schnell und leise, wie wir gekommen, mit unserer Beute davon. Wir trugen die Last an einem Ast auf der Schulter davon, beschleunigten unsere Schritte und waren bald in Sicherheit. In 15 Minuten kamen die anderen nachgerannt, und wir lachten wie die Spitzbuben nur lachen können. Im Halbdunkel landeten wir wieder bei der Kompanie und hatten einen großartigen Empfang. Sogar Häring war gerührt, überreichte uns einen Schinken für uns Sechse und eine Flasche Rum pro Nase. Den Abend wurde auf Moos Kaffee gesoffen, und ich wurde als der Held der Kompanie gefeiert, und manche Tasse wurde auf mein Wohl geleert.

Den anderen Tag hatten wir noch weniger zu tun und nahmen dies wahr, um unsere neueste Geographie ein wenig zu beaugenscheinigen. Also wir lagen im Walde, und das war sehr schön. Unser Quartier war durch die hohen Bäume sehr gut abgedeckt, und das war auch sehr schön. Die Feldgrauen hatten es verstanden, diesen Teil der Front etwas idyllischer als sonst zu gestalten. Als erste Attraktion war da ein zoologischer Garten. Am Eingang stand gleich zu lesen, daß hier bei diesem großzügigen Unternehmen nicht nur der Eintritt für Einen, sondern gleich für ein ganzes Dutzend frei sei. Die Umzäunung war ein Symbol. Von einem Zaun zum anderen waren Schnüre gespannt, und an diesen hingen - tote Ratten. Ratten, sage ich, eine größer als die andere, alle an den Schwänzen aufgehängt, die Feisteste in der Mitte.

Doch war eine solche Umzäunung immer nur temporär. Reklamehalber gewissermaßen. Uns sollte es aber jetzt schon andeuten, daß wir aus einer Läusegegend in eine Mäuse - und Rattengegend gekommen waren. Die sonstigen Insassen des zoologischen Gartens bestanden dann noch aus einer blinden Katze, einem lahmen, krummen Hund und an die 50 Karnickel, nebst einem Fasanen. Der Karnickel wegen bestand eigentlich der ganze Zauber. Und die armen Karnickel waren Offiziersaspiranten, d.h. für die Offiziersküche bestimmt. Und sonst sorgte eine bayrische Kantine für ein weiteres Wohlbefinden. Da gab's ein »bayrisch Bier«, aber nur zwei Halbe pro Person am Tage. Wer keines trank, der bekam einen Groschen, wenn er sich für andere sein Bier geben ließ. Und diese impertinenten Süffer brachten es so doch fertig, sich einen Rausch zusammenzuklauben.

Wir waren hier als Pioniere bei einer anderen Division und hatten uns dabei sehr zu unserem Vorteil verbessert. Es gab eine viel bessere Verpflegung erstens, und zweitens, man sorgte auch sonst mehr für das Individuum in leiblicher und seelischer Beziehung. Auch ließen sich die »hohen Tiere« öfter zwischen uns sehen, was von uns »gemeinen Leuten« gerne vermerkt wurde. Ohne unser Zutun waren wir der Gegenstand ihres besonderen Interesses.

Und es vergingen erst mal gut acht Tage, ehe wir mal unsere neue Stellung auch kennenlernten. Diese Zeit schlugen wir tot mit Exerzieren und Schießen. Vom »Stinken«, was doch unser eigentlicher Beruf sein sollte, war keine Rede mehr. Auf dem Schießstand hatte ich einen Zusammenstoß mit Leutnant Loose. Er wollte seine Kunst im Pistolenschießen zeigen.

Ich stand an der Scheibe in Deckung. Er schoß blendend daneben. Ich konnte beim besten Willen keinen Treffer konstatieren. Da brüllt er los, und prompt springe ich aus der Deckung und winke nicht einmal, sondern dreimal »Fahrkarte«. Der Mann war zu sehr überzeugt, daß er eine 12 geschossen. Daß ich ihm nicht mehr grün war, wußte er. Daß ich es wagte, ihn durch »Fahrkartenwinken« als miserablen Schützen zu dokumentieren, schlug dem Faß den Boden aus. Er bekam einen Wutanfall, und seine Stimme überschlug sich. Daß ich dabei so gelassen blieb, ihn fest und ruhig ansah, machte ihn von Sinnen. Er fummelte mit seiner Pistole rum. Ich hatte den Karabiner umgehängt. Er öffnete das Magazin, um einen neuen Streifen Patronen einzuschieben, und ich tat im Moment dasselbe. Da ging ihm ein Stallicht auf, und er wandte sich wortlos ab.

»Du wirst großen Druck nächstens kriegen«, sagten mir meine Kameraden auf dem Heimwege. Im übrigen war ihnen schon bekannt, was er mir im Park von Geluvelt einzubrocken versucht hatte.

»Bist du dumm«, sagte Skrobansky, »wenn er dich will nachher schießen tot, du ihn vorher tot schießen.«

»Recht hast du, mein Junge; aber bis jetzt raucht er mir noch nicht. Wenn mir durch den Schuft was passiert, schießt du ihn über den Haufen!«

»Werd mich schon machen!«

Wozu die trüben Gedanken! Loose wird wissen, daß ich wachsam bin. Einstweilen blieb mir nichts übrig, als seinen blöden Haß mit Verachtung zu vergelten.

Auf dem Heimwege fingen wir einen Hasen, der sich in einem Draht verfangen hatte. Den nahmen wir mit und legten ihn im Quartier in die Pfanne. Wir hätten ihn ja dem Zoo einverleiben können; aber im Magen tat er uns bessere Dienste. Und trotzdem mußten wir nachträglich seinen Tod beklagen; denn er war so zähe, daß wir eher Leder zerbeißen konnten.

Auf die Stellung waren wir schon neugierig geworden, und eines Abends ging's los. Natürlich wieder bei dem ewigen Nieselregen. Den Wald ließen wir hinter uns. Und dann ging's durch die Wiesen. Dann passierten wir noch einige Eisenbahnwagen, alle mit Infanterie belegt. Also, der Wald wimmelte von Truppen. Aber hinter dem Walde war nichts, auch gar nichts mehr zu sehen. Wie sollte ich da auch jemand auffallen können? Die ganzen Wiesen waren sumpfig. Vom Walde bis nach Bitschoote, beinahe zwei Stunden weit, war ein Knüppeldamm gelegt, daß man einigermaßen trockenen Fußes marschieren konnte.

In der Dunkelheit erreichten wir Bitschoote. Das Dorf zerschossen, alles zerschossen, rechts und links von der Straße ein Trümmerhaufen. Über allem brütete ein infernalischer Gestank. Rauch und Verwesung - Brandgeruch. Und da herrschte überall Leben. In der Dunkelheit sah man alles nur unbestimmt, und Licht durfte ja keines gemacht werden; denn man war nur 500 mtr oder noch weniger vom Feinde ab.

Dieser benahm sich hier viel manierlicher. Kaum, daß ein Schuß fiel. Wir gelangten über eine gute Straße bis direkt in die Stellung. Und die Feldküche war so frech, direkt bis an den Graben zu fahren. Dort klapperten die Infanteristen mit ihren Kochgeschirren. Das mußten die da drüben doch hören können. Die machten aber grade so viel Lärm. Wir sollten hier bald von Wunderdingen im Krieg hören. Zunächst gelangten wir mal an unsere Arbeit; zwischen den Schulterwehren Löcher bohren mit dem Tellerbohrer. Neugierig sahen uns die Infanteristen zu. Sie frugen besorgt, was wir vorhätten.

»Den Graben desinfizieren!« war, wie sonst, auch hier, die stereotype Antwort.

Diese Antwort fand ihren Beifall. Zwar muß ich sagen, daß ich vorher nie so einen sauberen Graben angetroffen wie hier. Die Wände waren reichlich mit Chlorkalk gesprengt. Der Gang war mit Laufrosten ausgelegt. Die Wände durch Faschinenwerk und Balken gut gestützt. Der ganze Graben war wegen des Sumpfes über der Erde aufgebaut. Die Unterstände waren regelrechte, saubere Kisten; aber höchstens dreiviertel Meter hoch. Ca. zwölf Mann konnten gleichzeitig in so einer Kiste liegen. Die Kiste war hauptsächlich zum Schlafen. Essen und Trinken besorgte man am besten draußen. Dicke Luft gab es hier ja wenig. Also dieser Frontabschnitt war ein Idyll. Rechts und links von uns ging es lebhafter zu. Links von uns standen die Marburger Jäger, und die betätigten sich als Scharfschützen. Rechts von uns war der Übergang über den Kanal. Na, und da war man wachsam.

Gott sei Dank, daß wir hier nicht jeden Tag den weiten Weg hin und zurück zu machen brauchten. Wir arbeiteten nur in der Nacht. Den ganzen lieben langen Tag durften wir in der Kiste liegen. Wenn's einem nicht zu langweilig wurde, wie mir.

Es gab einen mäßig tiefen Verbindungsgraben nach Bitschoote. Das Kaff hatte in der Nacht mein Interesse geweckt, so daß ich ihm mal einen Besuch bei Tage abzustatten beschloß. Mit ein wenig Vorsicht konnte man es getrost wagen. Am Tage setzte der Franzmann regelmäßig ein paar Schuß Granaten hinein. Es hieß, daß er jeden Tag einen Zentimeter vom Kirchturm herunterschoß, und daß der Krieg genau zu Ende sein würde, wenn der Turm der Erde gleich abgetragen sei.

Also ich ging nach Bitschoote. Ich schlich durch die Häuser, möglichst immer auf Deckung gegen Sicht bedacht. Wie immer im Kriege, sah es sehr bös aus. Die Bewohner mußten ihre Behausungen Hals über Kopf geräumt haben. In den Zimmern lag alles kunterbunt durcheinander.

Nichts mehr zu gebrauchen, da der Regen, der ungeniert durch zertrümmerte Dächer und Decken eindringen konnte, alles zerstört hatte.

In einem Laden durchstöberte ich zerbrochene Regale und Schränke. Da kam mir eine Schnapsidee. Ich wühlte unter dem Krempel ein flandrisches Bauernkostüm heraus. Ich fand auch eine richtige flandrische Ballonmütze. Ein Korb ließ sich natürlich auch entdecken. Den füllte ich mit Schnürsenkeln, Garn, verrosteten Nadeln, mit Knöpfen; sogar Zahnbürsten entdeckte ich und sonstiges Allerlei.

Angezogen war ich jetzt mit einer weißen Linnenhose, blauer Reisejacke, rotem Halstuch und Ballonmütze. Den Korb mit Waren im linken Arm, in der rechten einen Knüppel, stakte ich wieder zum Graben. Ein homerisches Männergelächter hub an. Ich begann zu hausieren und brachte meine Ware gut an den Mann. Sogar beim Abschnittskommandeur wurde ich vorgelassen. Er gab mir eine Mark, und ich lieferte ihm dafür eine Tüte alten Tabak. Für jeden hatte ich etwas; aber das Meistgefragte konnte ich nicht geben. Wie gesagt, ich hatte diesen Tag etwas Unterhaltung in das Grabeneinerlei gebracht. Spaß muß sein, und wenn's im Kriege ist. Mein Kostüm habe ich nach der Vorstellung gut aufgehoben. Und den anderen Tag geriet ich in den Nebenabschnitt und erntete dieselben Heiterkeitsausbrüche. So wurde ich sehr bekannt.

Und auf einer dieser Hausiererfahrten treff' ich meinen Freund Jakob aus Kaub, seines Zeichens Rheinschiffer. Er lud mich ein, ihn öfters zu besuchen. So kam ich einmal nach beendigtem Nachtwerk zu ihm. Es war noch dunkel, eine Stunde vor Tag. Meinen Freund Jakob finde ich bis an die Zähne bewaffnet.

»Was ist los?«

»Mensch, drück' dich mal schnell oder komm mit! Wir müssen vorne die feindliche Sippe ausheben.«

»Ich bin nur im Krätzchen und mit Karabiner.« Er gibt mir ein paar Handgranaten, und dann husche ich mit ihm und den anderen über die Deckung. Wir gelangen unbemerkt bis an den Feind. Ein Krachen, die geballten Ladungen, die das feindliche Drahtverhau zerstören sollen, explodieren. Im Moment auch pfeifen die Kugeln, und das Maschinengewehr takt. Wir sind zu früh entdeckt, und ein paar Getroffene schreien auf. Wir werden mit Handgranaten empfangen. Ich rufe leise. Jakob ist fort. Vor uns ist es auf einmal ruhig.

»Raus, ihr Lumpen!«

Das ist Jakobs Stimme. Ich springe auf, und mit mir vier andere, springen in den feindlichen Graben, und grimmig flucht Jakob, der die vor ihm im Halbdunkel mit hochaufgehobenen Händen auftauchenden Gegner mit Fußtritten anweist, sich nach hinten, d.h. zu uns zu begeben. Sie machen gar keine Anstände und laufen mehr als sie gehen. 32 Mann zählen wir. Dann wollen wir hinterdreinspringen. Jakob taumelt. Schnell zwei Mann ihn unter die Arme genommen und dann zurück. Denn schon werden die hinter uns mobil, und unser Graben bekommt Salven, Granatenlagen. Jakob ist im Gesicht durch die Handgranate verletzt. Er sprang als erster, ganz allein, mitten zwischen die verblüfften Belgier. Die 32 Gefangenen waren allein auf sein Konto zu buchen. Jakobs Auge ist verloren. Und trotzdem er so schmerzhaft verwundet war, hielt er allein den ganzen Klumpen in Schach, bis wir nachkamen. Er erhielt, wohl verdient, das E.K.I.

Ich durfte daheim, d.h. meiner Kompanie, nichts sagen von wegen meiner tätigen Teilnahme; sonst hätte ich am Ende noch einen Rüffel bekommen. Na, wenn's nicht dem Jakob zulieb geschehen wäre, ich liebe es sonst nicht, unnötig mit der Nase vorn zu sein. Nur, schließlich will man doch auch einmal was sehen vom Kriege.

Den Tag über verbrachte ich wieder in meiner Kiste. Ich schlafe den Schlaf der Gerechten. Es mochte so gegen nachmittags drei Uhr sein, als mich ein lauter Bums, den ich im Schlafe vernahm, aufschreckte. Ich lag ganz allein in der Kiste, und als ich nun ganz verwundert den Kopf rausstreckte, bemerkte ich rechts und links lachende Gesichter. Der Abschnitt, in dem meine Kiste stand, war geräumt worden, weil in ihn der Zugangsgraben mündete, auf den der Gegner sich jetzt einschoß. Den Überfall am Morgen hatte er nicht so leicht hingenommen und sandte uns jetzt dafür die Granaten rüber. Zu uns nur einzelne; aber zwei km rechts von uns, wo der Überfall stattgefunden hatte, lagenweise. Also, ich muß ein ganz dummes Gesicht gemacht haben, und die Infanteristen grinsten. Ich kann aber alles besser vertragen im Leben als Spott und um den Herren meinen Gleichmut zu beweisen, kroch ich wieder lautlos in meine Kiste zurück, zum allgemeinen Gaudium der Zuschauer, denen ich noch sagte, sie sollten mich wieder wecken, wenn der »böse Feind« käme. Aber weitergeschlafen habe ich nicht in meiner Kiste, und einerlei war mir nicht zumute; besonders nicht, wenn sich so ein Eisentopf allzunahe hinpflanzte. Die anderen aber bekamen Respekt vor meinem Heldentum. Ich wurde sozusagen ein bissel volkstümlich.

Die Nacht wurden wir abgelöst. Auf dem Heimweg hatten wir das schönste Theater eines Artillerieangriffs. Wir befanden uns seitwärts und sozusagen außer aller Gefahr. Donnerwetter, das war ein Spektakel, wie ich es kaum noch erlebt. Das war die Vergeltung von gestern. Wir standen still, den Blick frontwärts gewendet. Wenn man selbst drin ist, empfindet man nicht so wie wir als Beobachter -. »Da gibt's Fetzen«, sagten wir uns, und auch der heiße Wunsch, zu helfen, regte sich. Es war noch nicht ganz Tag, und auf dem Abschnitt, wo das Duell tobte, flammte und krachte es an allen Enden. Es war ein Vorspiel des später sprichwörtlich gewordenen Trommelfeuers. Es war wie ein Stück aus der Vogelperspektive zu beobachten. Nur vernahmen wir ferne das Geschrei des Angriffs. Das Artilleriefeuer wurde im Moment nach hinten verlegt, und wir fanden es für richtig, Fersengeld zu geben, da einzelne Brocken bedenklich nahe gerieten.

Wir sahen also nach acht Tagen unser Ruhequartier wieder, wo Häring immer noch den Jupiter Tonans markierte. Seine Anwesenheit machte mir von weitem schon übel. Wie ein giftiger Hofhund fuhr er uns gleich beim Empfang an.

»Oh Häring, nur eine einzige Nacht bei uns draußen, und dein widerliches Organ hat ausgebrüllt!«

Um halb neun Uhr kamen wir heim, für den Nachmittag um zwei Uhr hatte er schon einen Appell in Schanzzeug, Waffen und Sachen angesetzt.

Dicke Berta

Foto: **Hermann Rex,** aus Hermann Rex: Der Weltkrieg in seiner rauhen Wirklichkeit. Das Frontkämpferwerk. Oberammergau 1926. S. 17.

Dicke Berta (oder Bertha) bei Lüttich am 7. August 1914

Das Reguläre Frontschwein

Quelle: Unbekannt, Upload Paul Hermans

Dicke Berta (Bertha)

Parole Feldgrau

Im Ruhequartier - Staden - Roulers

Schmach und Schande! Der Soldat, der acht Tage an einem Stück vor dem Feind gestanden; dem von rechts- und befehlswegen Ruhe zustand, er durfte nach seiner Heimkehr noch nicht eine Stunde ruhen. Denn wollte man zum Nachmittage alles in Ordnung haben, so mußte man sich sofort an die Arbeit machen. Der Anzug war natürlich eine Dreckkruste. Er war im Draht gerissen, Knöpfe mußten angenäht werden. Ein Gewehr allein richtig zu reinigen, kostete wenigstens eine Stunde. Na, das alles gelang mir noch einigermaßen herzurichten; aber meine Pionieraxt, die bei der Arbeit gebrochen war, konnte ich beim besten Willen nicht mehr fertigmachen. Trotzig legte ich beim Appell die Bruchstücke vor mich. Er sieht es, sieht mich an:

»Eine Stunde Nachexerzieren!«

Ich mußte mir äußerste Gewalt antun und glaubte, die Adern müßten mir im Kopfe platzen. Und wie mir, machte er es vielen andern, und die halbe Mannschaft, die am Morgen aus der Stellung gekommen, durfte des Nachmittags nachexerzieren. Ein junger, frisch angelangter Reserveleutnant, seines Zeichens Steißpauker, beaufsichtigte das Strafexerzieren.

- Oh Deutschland, dir gebührt ein Nationalzuchthaus und eine gemeinsame Peitsche! Diejenigen, die jede Stunde bereit waren zu sterben, der Häring, er nannte sie nur Lausejungens und Schweinebande. - Disziplin muß sein - aber keine Ruchlosigkeit. Wir wurden von dem Lumpen in jeder Weise beschmutzt und entehrt - für die Ehre des Vaterlandes. - Diesem charakter- und gefühllosen Gesellen werde ich nie vergeben. Ist es da zu verwundern, wenn in Erinnerung solch eines Schweinehundes ein narbenbedeckter Frontkrieger einem englischen Offizier gesagt hat:

»Es ist gut, daß die Deutschen den Krieg verloren haben; sonst hätten jene Elemente aus dem deutschen Volke einen Sklavenstaat gemacht!«

Vielleicht - vielleicht sind jene den größten Teil schuld an dem verlorenen Kriege. Wenn solche Schwerverbrecher die Ehre der Soldaten in den Schmutz zogen, sollte er diese noch vor dem Feinde zu verteidigen suchen!

Ich fühlte mich kolossal entehrt, das erste Mal in meiner ca. ¾ jährigen Militärzeit, Strafexerzieren mitmachen zu müssen. Mein Schanzzeug ließ ich, wie es war. Nun gerade nicht. Mochte man mich zudem noch einsperren.

Ich war mit angetreten, als es losging. Der Leutnant Helmich mochte es schon ahnen, was in uns vorging und war sehr nachsichtig. Wie es aber losging, nach den ersten zehn Schritten, marschierte ich nicht auf den Stiefelsohlen, sondern auf den Schäften. Vom ewigen Dreck und Wasser war nämlich das Leder beinahe faul geworden, weich wie ein Tuch, die Hacken hielten nicht mehr, und der Stiefel rutschte vom Bein ab, was noch schneller ging, wenn man, wie ich, die Beine ein wenig vorschriftsmäßig in die Luft schmiß. Der Leutnant sah es, kam auf mich zu, die anderen feixten.

»Ei, zum Donnerwetter, was machen Sie denn da?«

»Herr Leutnant, gestatte mir gehorsamst die Frage, wäre es nicht zweckmäßiger, die Stiefel zu reparieren, als hier unproduktive Arbeit zu tun?«

»Wegtreten!«

Ich zog die Schäfte rauf und hupfte heimwärts ins D-Zugwagenidyll. Über die Dächer lief Werner und gab Kunststücke zum besten. Aus meinem Abteil tönte Gebrüll. Die Tür flog auf, und raus flogen Mayer I und Mayer II, beide wie ein Knäuel ineinander verbissen. Sie schlugen sich wie die Kesselflicker. Aber der kleine Meyer, Sohn eines Ökonomieprofessors aus Köln, ein Milchgesicht, knapp 18 Jahre alt, war nicht faul und vertrimmte dem dicken Meyer regelrecht die Visage. Der dicke Meyer war ein Großmaul erster Güte und suchte immer Händel. Der kleine Meyer, das Milchgesicht, war der Liebling aller, und als er sich jetzt wie ein Held gegen den dicken Meyer schlug, brüllte ihm aus allen Fenstern Beifall zu. Überhaupt, in unserem Quartier herrschte stets das meiste Leben. Die Thüringer waren ruhiger, gemütlicher. Dann waren noch die Haarburger uns zugeteilt. Das waren Leute für sich, sehr explosiv, aber zuverlässig und echt und manchmal war mit ihnen nicht gut Kirschen essen.

Wir hatten sogar Zapfenstreich. Um neun Uhr mußten wir im Ruggen liegen. Säbelrasselnd stolziert Häring auf dem Laufroß am Zuge vorbei. Da begegnen ihm zwei Mann, die vom bayrischen Bier kamen, in der Dunkelheit. Er spricht sie an. Da - ein paar knurrende Hamburger Flüche - klatsch - bum - Häring in seinem vollen Ornat liegt im Dreck, seitwärts vom Roß im Graben und kriegt heilige Hiebe und ach, kein Mensch hilft ihm, denn sein Maul kriegt er mit Dreck gestopft.

Infolgedessen kriegten wir den Maulhelden am anderen Tag nicht zu sehen. Eifrige Nachforschungen wurden zwar angestellt, aber öffne mal einer einem Hamburger den Mund, wenn er nicht sprechen will!

Eines Tages kommt der Sanitätsunteroffizier zu mir. Er hatte in Gheluwe beobachtet, daß ich mich mit den Belgiern auf Flämisch und auf Französisch sehr gut unterhalten konnte. Nun sollte er in der Etappe Einkäufe machen für den Herrn Stabsarzt. Ob ich für ihn (den Unteroffizier) die Reise machen wolle! Nichts lieber als das! Gleichzeitig waren Einkäufe für die Kantine zu machen. Eine Kantine hatten wir eigentlich noch nicht; aber der Sanitätsunteroffizier wollte das Ding übernehmen. Also, ich bekam einen großen Rucksack, schnitt mir einen anständigen Stock und wanderte los.

Bis nach Staden hatte ich drei Stunden zu laufen. Und von dort kam ich schnell per Bahn nach Roulers. Auf der Strecke konnte ich unterwegs eine feldgraue Truppenparade wahrnehmen. Mich wunderte, wie soviel Militär in der ganzen Gegend zu sehen war. Auch in Roulers ging es sehr lebhaft zu. Dort mußte ich mich zunächst aufs Einkaufen verlegen. Es gab Depots. Dort kaufte ich nach meinem Gutdünken. Diverse Schnäpse, Eis, Kümmel, Wacholder, Liquoren, Zigaretten, was weiß ich-. Der Rucksack war voll. Irgendein Feldgrauer verriet mir, ich solle zur Kommandantur gehen und mir einen Verpflegungsschein geben lassen. Was man mit so einem Schein alles machen könnte - den ganzen Tag freie Verpflegung - wenn's nichts kostet, denn man tau.

Den Schein bekam ich anstandslos. - Wo ich damit hingehen könne? In jedes Lokal. Für 5 Fr dürfte ich da verzehren. Ich stürzte los, suchte und fand ein mittleres Lokal, präsentierte den weißen Zettel und bekam ein tadelloses Essen und behielt noch einen Wert von 3,50 Fr übrig, wofür ich mir dann Zigaretten geben ließ; denn bis zum Abendessen wollte ich wieder daheim sein. Aber zuerst noch ein paar Stunden in der Stadt herumschlendern.

Feldgrau war die Parole. Aber nicht so rauh und zerrissen wie an der Front. Hier liefen viele mit hohen Kragen herum, welch letztere ihnen sehr dienlich waren, daß sie hier hinter der Front besser hurra schreien konnten. Besonders die sogenannte Kavallerie tat sich was zugute.

Geputzt und geschniegelt machten sie den flämischen Schönen den Hof. Na, die lebten hier besser als daheim. Damals fing die Etappe schon an, sich durch ihre Wollust, Prassertum und hochnäsiges Wesen mißbeliebt zu machen.

Das Surrogat der Etappe bildeten die Edlen von der Kavallerie. Da draußen an der Front waren sie ja nicht nützlich. Im Schützengraben konnten sie schwerlich auf dem Gaul herumstolzieren. Sie schienen deswegen in der Etappe den angenehmeren Zweck zu erfüllen, den flämischen Schönen den Angriffsgeist des deutschen Heeres zu dokumentieren. Unsereinem trieb es die Galle ins Blut, diese, die längsten, gesündesten, stärksten Zöglinge Wilhelms sich hier in der Etappe rumdrücken zu sehen, während kaum 17-jährigen Knaben mit Milchgesichtern vorne im Graben schwere Arbeit aufgebürdet wurde. Die Disziplin der Etappe bestand wahrscheinlich darin, sich in schneidigster Uniform, möglichst mit hohen Kragen den Einwohnern zu zeigen. Als ihre vornehmste Aufgabe betrachteten sie es, bei den Schönen des Ortes Eindruck zu schinden. Und sie nahmen sich der Letzteren eifrig an. So sehr, daß sogar die Ortskommandantur einschritt, indem sie u.a. ein Verbot erließ, daß niemend mit einer Belgierin per Arm über die Straße gehe. Mit Bezug darauf erzählte man folgende Anekdote:

Ein schneidiger Kavallerist mit langem Säbel stolziert mit einer Person belgischer Nationalität und femini generis über die Straße. Ein General sieht es und stellt den Helden zur Rede. Statt seiner gibt die Belgierin Antwort:

»Bitte, igge bin Balinerin!«

Der General, selbst Berliner, stellt sich erfreut und fährt in reinstem Berlinerisch fort - aus! - .

Der Eindruck in der Etappe wirkte nicht günstig auf die Frontsoldaten, und es war zu der Zeit, daß die feindliche Stimmung zwischen Front und Etappe anfing und größer wurde. In der Etappe gab es alles, während wir an der Front anfingen, Mangel zu leiden. Einstweilen hatte ich vom Überfluß der Etappe soviel zusammengerafft, als ich schleppen konnte. Schwer bepackt wollte ich, wie ein Kamel beladen, den Heimweg antreten. Da keine Bahn fuhr, und der Weg weit war, besann ich mich nicht lange, langte mir ein feldgraues Fahrrad, das vor der Kantine stand, und gondelte los. In einer Stunde war ich in Staden, zog einen von der Artillerie ins Vertrauen, der das Rad der Feldgendarmerie zustellen sollte und lungerte dann am Bahnhof rum. Eine einzelne Lokomotive sollte fahren, Richtung Houthulster Wald. Der Führer war unbestechlich. Er dürfe niemand auf dem Führerstand dulden. Aber kurz bevor er abfuhr, schwangen mehrere andere und ich uns vorn auf die Lokomotive, markierten mit vorgehaltenem Karabiner Begleitposten und fuhren los wie in Wildwest. - Ich muß aber sagen, daß man in Wagen hinter der Lokomotive bedeutend besser sitzt als vorne auf ihr.

So gelang es mir, ohne viel Mühe meine Ausreise zu beenden. Der Herr Stabsarzt bekam seine Zahnbürste, der Unteroffizier seine Pfeife und den Rucksack. Er war sehr zufrieden. Den andern Tage spazierte ich wieder in Stellung. Dort war nicht viel los. Man hatte keine richtige Beschäftigung für uns, da noch keine Gasflaschen zur Stelle waren.

Foto: Grahl, Attribution: Bundesarchiv, Bild 116-318-06 / Grahl / CC-BY-SA

Feldküche in Flandern

Das Reguläre Frontschwein

Foto: Unbekannt, Attribution: Bundesarchiv, Bild 146-2004-0071 / CC-BY-SA

Lesender Soldat 1914: »Dort war nicht viel los«

Krieg verflucht, nur bon pour Capitalistes -!

Im Ruhequartier

In der Nacht mochte jemand mich, wohl infolge meines schwarzen Bandes, als Pionier für einen Kompaniekameraden gehalten haben. Ich sollte also mit ihm kommen.

»Was schaffen?«

»Drahtverhaue machen!«

»Denn man tau!«

Er sprang achtlos über die Deckung und ich hinterdrein. -

»Wenn dir keiner was tut, so tu' ihm auch nichts.« Was diese Worte bedeuten sollten, erfuhr ich alsbald. Langsam strich er ganz achtlos zwischen den abgeschossenen Bäumen herum; zwackte hier was am Draht und drückte dort einen Pfahl gerade. Mich wunderte seine Gelassenheit kolossal. Aus dem Verwundern wurde ein beinahe tödlicher Schrecken, als hinter einem Baumstumpf eine Gestalt hervorkam, die unzweifelhaft ein Franzose war.

»Chrétien!« - »René!«

Na, und weil der Kamerad nichts unternahm, tat ich auch nichts und harrte der Dinge, die da kommen sollten. Also, Christian, so hieß mein Kamerad, trat auf den Franzosen René zu. Sie reichten sich die Hände. Ich wurde so nebenher als Kamerad vorgestellt, und die beiden unterhielten sich weiter, so gut es ging, auf Deutsch, Französisch, Belgisch, Flämisch, und nötigenfalls nahmen sie noch die Hände zu Hilfe.

»Du Zigaretten?«

»Oui, du Schokolad?«

»Oui, du nix Brot, Kleber - - -.«

»Nix compris.«

»Du pain blanc!« half ich aus. Verwundert wandte sich der Franzose zu mir:

»Ah, bien merveilleux, vous êtes Alsacien sans doute! (Ah, wunderbar, Sie sind zweifellos aus dem Elsaß!)«

»Point du tout, je suis du Rhin (ganz und gar nicht, ich bin vom Rhein).«

Wo ich denn Französisch gelernt habe. Ich sagte ihm, daß ich des öfteren vor dem Kriege dans le beau pays de France, im schönen

Frankreich gewesen sei. Ich kannte sogar seine Heimat, Nancy, la basse ville, sehr gut. Wir unterhielten uns sehr gut und so angeregt, daß mein eigentlicher Führer oder Verführer sich schon am Kopfe kratzte und uns bat, wir sollten doch lieber deutsch statt »pulsch« (polnisch) sprechen. Er verstehe kein Wort mehr. Er wieder:

»Du, René, Kamerad?« Er zeigte mit den Armen auf mich:

»Heute erste Mal sehen, du sehen (wenn der Franzose nicht gleich begriff, warf ich einen Brocken dazwischen) du mit ihm parler wie bon camerade, warum er dich füsilieren, du ihn!«

»A oui, maudit la guerre, verfluchtes, nix bon, warum? Les capitalistes, ce sont les capitalistes, qui font la guerre. La guerre bonne pour les capitalistes.«

»Richtig, gut, parfaitement, Krieg verflucht, nur bon pour capitalistes - !«

Und so hielten sie sich dran, eine Tirade auf die gottverdammten, ganz verfluchten Kapitalisten, und mit den Wölfen muß man heulen; aber auch ohne dem gab ich den beiden sonst recht. Als Anerkennung bekam ich von dem Franzosen ein Extrastück Schokolade, und ich gab ihm dafür die Versicherung, wenn er mir je vor die Flinte käme, ihn nicht umzuknallen. Er versprach mir das Gleiche, und wir schieden als gute Freunde. Als wir wieder im Graben waren, mußte mein Freund mich erstmal richtig beaugenscheinigen und stellte fest, daß ich gar nicht von seiner Kompanie war.

»Ach so, du bist einer von den Stänkern. Sag mal, mein Liebchen, was macht ihr denn eigentlich hier? Man munkelt so viel.«

»Und was denn Großes? Wir stinken, desinfizieren den Graben mit Chlor, und wenn wir das gemacht, gehen wir wieder. Die ganze Front wird von uns systematisch desinfiziert; sämtliche Ratten und Mäuse müssen dann sterben.«

Ich sagte es mit dem ernsthaftesten Gesichte und schien ihm wohl plausibel, zumal ein penetranter Chlorgeruch, der uns Gaspionieren anhaftete, ihm mittels Nase noch das Gesagte bestätigte. Das sei doch schließlich etwas Gutes, meinte er zum Schluß. Wirklich angebracht in diesem gottverdammten Kriege. Mit der Erwähnung des letzteren erzähle ich absolut kein Frontgeheimnis. Fragt jene, die zu der Zeit, im Winter, Frühjahr 1915 bei Bitschoote gelegen haben! Sie wissen zu berichten, zu der Zeit herrschte zwischen den Gegnern wirklich eine »entente cordiale«. Man tauschte Schokolade, Zigaretten, Wein, Brot aus, und von Totschießen war keine Rede. Man soll sich sogar gegenseitig besucht und im

Unterstand Skat geklopft haben. Des Nachts, beim Drahtziehen, haben Deutsche und Französische sich friedlich auseinandergesetzt, wie weit jeder den Draht ziehen dürfe. Freilich, die hohe Behörde, hüben wie drüben, durfte nichts merken. Für den Fall, daß dicke Luft sei, hatte man beiderseits Signale verabredet. Drei Schuß in die Luft -. Und doch bekamen sie Wind.

Im Abschnitte links von uns wurde plötzlich die Infanterie abgelöst durch Marburger Jäger. Die machten dann ihrem Namen alle Ehre, indem sie die ganze Nacht wie der Jäger auf der Lauer waren und auf alles schossen, was da kreuchte und fleuchte. Natürlich war der Franzmann nicht faul und überreichte die Quittung. Wir hatten bisher noch keinerlei Verlust. Nun gleich in einer Nacht drei Mann. Aus war's mit der Herrlichkeit.

Bei meiner Arbeit hatte ich mein Koppel verloren -. Na, wieder Nachexerzieren. Zum Donnerkiel, ich muß mir eines beschaffen.

»Geh doch nach Bitschoote, wo die Toten von dieser Nacht liegen!«

Ich ging und sah die Toten liegen und schnalle dem einen das Koppel los. Sein Brotbeutel hängt noch dran. Wie ich das Koppel also unter dem Leibe wegziehen will, wendet sich die Leiche, weil sie auf dem Brotbeutel lag, und ich treffe mit meinem Blick die Augen des Toten, die mich weit offen anstarren. Ich ließ ihn mit seinem Koppel liegen und wandte mich erschaudernd. Der Sanitäter, der mich hingeführt, sagte nichts, und schweigend gingen wir von dannen. Ein Verwundeter der Nacht, der draußen auf den Abtransport wartete, gab mir gerne sein Koppel und ein Dutzend Segenswünsche dazu. Diese kamen aus vollem Herzen; denn wer immer einen Heimatschuß weghatte, war zu beneiden; denn er hatte den besseren Teil erwählt.

Das Reguläre Frontschwein

Foto: Unbekannt, Attribution: Bundesarchiv, Bild 183-R05148 / CC-BY-SA

Deutscher Soldat an der Westfront 1916

Im Casino

Im Ruhequartier

Das aut - aut für uns konnte nur lauten: Heldentod oder Heimatschuß. Den Heldentod, den viel gepriesenen, ersehnt niemand; besonders, wenn man ihn so lange wie wir erwarten muß. Nein, es gab darüber keine Illusionen! Den Tod im Kampf, Mann gegen Mann, fürchteten wir wenig. Und nebenbei bemerkt, hatten wir vor dem Franzmann, der uns bisher im kritischen Moment stets die Kehrseite gewiesen hatten, wenig Bange.

Also hierbei keine Furcht; aber vor dem heimlichen, lautlosen, heimtückischen Tod in der Nacht hatten wir ein Grauen. Das zermürbt die Nerven. Und gerade wir Pioniere konnten ein Liedchen davon pfeifen. Heldentod - in diesem Falle gewinnt das Wort irgendeines wenig patriotischen Dichters Bedeutung, er halte den Heldentod für eine patriotische Schwäche. Ganz gewiß ist, daß Spieße und Spinner, an deren Spitze der Chef, dafür sorgten, daß etwaige Gelüste und Begeisterungen für den Heldentod schnell flöten gingen. Bezeichnend für letzteres ist die Tatsache, daß wir, und ich speziell, den Aufenthalt im Graben, wo die Herren keine große Fresse hatten, weil sie die dort nicht haben durften, dem Ruhequartier vorzogen, wo man nur gestriezelt wurde. Im Graben hatte man verhältnismäßig gute Ruh; denn man war hier schließlich ein wenig selbstbewußter, wie folgender Fall zeigt:

Die eine Nacht hatten wir den ehrenvollen Auftrag, ein neues Sch...haus zu bauen. Ich hätte nicht dabei sein brauchen; aber aus Reinlichkeitsgefühl, da ich ja kräftig mitgeholfen, das alte zu füllen, half ich mit. Da die Arbeit ziemlich stinkig war, schmauchten wir dazu, so daß über dem Ganzen eine liebliche, dicke Wolke schwebte. Und, wo muntere Reden sie begleiten - waren in der Rede aber lauter Kraftausdrücke, die nicht gewispert wurden. Wir arbeiteten so ungefähr zwei Meter hinter dem Graben. Unsere Arbeit war einem Leutnant ein bissel zu geräuschvoll, und er rief über den Graben halblaut, ärgerlich:

»Was sind das dort für A...löcher?«

Im Augenblick erkannte ich an der Stimme Leutnant Loose. Schwapp, einen kräftigen Spaten voll - gemischt - ihm mitten in die Fresse, und schneller wie ein Franzmann ging ich 40-50 Meter stiften -. Das war die Rache für Gheluwe - du Hund!

Es dauerte eine ganze Weile, bis der Mann wieder zu sich kam. Mit vorgehaltenem Revolver sprang er vor, die Stimme wütend, zischend, heiser vor Wut. Der kaltblütige Hamburger Zimmermann schlug ihm mit dem Spaten die Hand hoch, daß der Schuß sich in die Luft entlud und die Pistole im Bogen fortflog.

»Herr Leutnant, ick will ji dat mol saggen. Bei uns, da kömmt man anständig zur Türe herein. Wenn Sie man skiten wollen, dann tun sie dat bei die Tommys oder Franzmänner. Aber bei 'nem Menschen, wat an richtigen Hamburger Zimmerman is, da muß man immer Respekt habben. Und nun können Sie wieder gehen. Ist better für uns, dat wir bei die Arbeit nicht gestört werden...und Sie können mich ook noch beim General mellen...und einen schönen Gruß von die Hamburger Hummel. Adjüs ook! Mors, mors -.«

Durch die Gelassenheit und Kaltblütigkeit unseres Hamburgers kam auch der Leutnant zur Besinnung. Er mochte sofort begreifen, daß es das beste für ihn sei, sich sofort zu drücken - und er verschwand spurlos, aber nicht geruchlos. Sein Odium und seinen Odor hatte er weg.

Der Hamburger und ich, wir gelobten uns fünf Minuten später ewige Freundschaft, die wir einige Tage später bei einer Flasche Keuman kräftig begossen. Leider dauerte die Freundschaft nicht lange, denn vier Wochen später war Fiek, so hieß er, tot. Oft versicherte er mir:

»Otting«, so nannte er mich von der Nacht an, »dat ist dat best, wat ich in dissem Kriege erlebt hab. Ein ganz Gesicht voll Sch- und ein Leutnantsgesicht.«

Es wurden unmögliche, heimliche und unheimliche Versuche, lange nachher noch, den Täter zu ermitteln. Alle, die es wußten, kein Mensch sagte ein Sterbenswort - aber so viele zweideutige Bemerkungen aus dem Hintergrund mußte er über sich ergehen lassen, daß er sich immer seltener zeigte. Wenn von ihm die Rede war, niemals anders als Leutnant »Stunk«, und es hieß, wenn man ihn nicht hören könne, so müsse man ihn bestimmt riechen können.

So erreichte er durch mich seine traurigste Berühmtheit, und im Casino erlebte ich die Summe meiner Rache. Im Casino. Natürlich, da die Herren vor Wollüsten nicht wußten, was sie tun sollten, mußten sie ein Casino haben und ließen es erbauen von den braven Pionieren inmitten des zoologischen Gartens. Es wurde ein schönes Häuschen, so im Stil eines Wochenendhäuschens, wie man es heutzutage hat. Sogar ein Klavier, das man irgendwo requiriert bzw. gestohlen hatte, glänzte darin, und ausgerechnet ich wurde bezahlt als Virtuose. Der Sanitätsunteroffizier hatte es dem Stabsarzt verklickert, wie ich in Manin auf der Drahtkommode die Märsche nur so heruntergehauen habe.

Na, nolens volens, ich verfügte mich, abends spät. Der Stabsarzt, ein ganz passabler Mensch, bediente mich höchst eigenhändig mit Schnäpsen, Likören, sondergleichen. Ich intonierte »nur so« und er sang »nur so« dazu.

»Nur so«, sagte er immer. Sogar »Das Gebet einer Jungfrau« mußte ich spielen und »In diesen heiligen Hallen«... Der Stabsarzt war wie alle übrigen so besoffen wie eine Unke, er hopste auf einem Bein ums Klavier rum, goß mir drei Genever hintereinander in den Hals und brüllte:

»Es folgt das schöne Lied von der Scheiße: Scheißen können ist sehr gut - juppeidi - wenn man's nur nicht riechen tut - juppeidi.« Im Moment war es trotz der äußerst animierten Stimmung totenstill. Hauptmann Schneider stand auf:

»Ich wünsche den Herren gute Nacht!«, sprach's und ging. Totenblaß war Loose. Ein paar Schritte auf den Stabsarzt zu, ein paar abgehackte Worte, kehrt. Der Stabsarzt schritt als Letzter hinaus, und ich weiß nicht, wie ich in meinen Waggon gelangt bin. Ein paar Tage später bemerkte ich, wie er den Arm in der Binde trug...

Doch fingen jetzt an die Ereignisse sich zu überstürzen, so daß man auf solche Einzelheiten kein Obacht mehr geben konnte. Der Stabsarzt zwar, als er mich sah, fragte mich, ob ich Sanitäter werden wolle, dann sei ich doch 50% weniger in Gefahr, den Heldentod zu sterben.

»Danke gehorsamst, Herr Stabsarzt. Möchte bitten, keinen Gebrauch machen zu dürfen. Bitte aber Herrn Stabsarzt, in jedem anderen Falle auf mich zurückzugreifen.«

»Na, dann besorgen Sie mir morgen etwas in Gent oder Courtrai. Sie haben zwei Tage Zeit.«

»Sehr wohl, Herr Stabsarzt!«

»Der Sanitätsunteroffizier fährt mit. Melden Sie sich bei ihm!«

Foto: John Warwick Brooke, Official British First World War photographer, Foto Nr. Q5935 des IWM (collection 1900-13)

Sanitäter in Passchendaele

Madame

Roulers - Gent - Courtrai

Den anderen Tag fuhren wir los. Unterwegs gab ich dem Unteroffizier Instruktionen über Verhalten in der Etappe. Das war zunächst, daß wir in Roulers aus dem Zuge stiegen, im Sturmschritt zur Kommandantur, einen Verpflegungsschein geholt, den zu Zigaretten gemacht und eine Stunde später wieder im Zuge nach Gent. Raus aus dem Zuge, wieder zur Kommandantur, Verpflegungsschein - wen seh ich da - Bendermann, der sich in Menin wegen des Herzfehlers von uns verabschiedet, und dem ich meine Kriegstrophäen, die vollständige Kavallerieausrüstung aus dem Park bei Geluvelt mitgegeben hatte, daß er sie mir gut nach Hause bringe. Auf meine Nachfrage, wo die Sachen geblieben seien, gab er an, daß ihm beides von der Feldgendarmerie abgenommen worden sei. Das war nun stark gelogen, sagte ich mir, konnte aber nichts dagegen tun. Na, er gab uns dann doppelte Verpflegungsscheine, als wenn es ein Pflästerchen sein sollte. Na, meinetwegen. Wir ließen uns zunächst in einem feinen Lokal ein feines Essen servieren, gaben den Schein ab und forderten den Überschuß in Zigaretten. Wir bekamen Anstände. Es ging aber schließlich. Und brachten auch den Zweiten unter. Von dem Vielen, Großartigen bekamen wir nichts mit, weil wir keine Zeit hatten. Denn Zeit bedeutet Geld, in unserem Falle Verpflegungsscheine. Wir eilten nach dem Bahnhofe und hatten eine gute Stunde Zeit.

Am Bahnhof in Gent saß sogar ein Buchhändler aus der Gegend von Bonn. Im Laufe der Unterhaltung bekam ich heraus, daß er sich näher an der Front sicherer vor dem Heldentod fühlte als in der Heimat. Wer hier in Gent einmal gut hocke, für den sei »la guerre finie«. Andächtig lauschten wir seinen heilsamen Instruktionen. Er erzählte so viel Nichtswürdiges, Frevelhaftes, Gemeines von der Etappe Gent, daß ich heimlich dachte, der liebe Gott könne die Deutschen wegen soviel Schlechtigkeit den Krieg unmöglich gewinnen lassen.

Zu bedauern schien mir nur der arme Feldgraue, der vorne zwischen Not und Tod lebte, während man hier das Leben verpraßte. Von unten bis an die oberste Spitze, sagte mir der Landsmann, sind die hier alle gleich, bis in die Knochen verderbt. Und der Genter macht feste mit, zumal die

Weiber an Schamlosigkeit nirgends zu überbieten seien. Es sei wahr, er habe sich seinen Druckposten mit seinem vielen Gelde erkauft. Wenn er sich deswegen anfangs ein bissel vor seinem Gewissen geniert habe, so habe er jetzt bestimmt keine Skrupel mehr. Wenn alle Frontsoldaten soviel sähen wie wir, würden sie morgen schon die Etappe stürmen. Der Mann führte eine gefährliche Sprache; aber schließlich offenbarte er nur, was in Gent offenes Geheimnis war. Als wir im Zuge saßen, besprachen wir das Gehörte.

»Ja«, meinte der Unteroffizier, »erstens ist's im Kriege anders und zweitens als man denkt.«

Und im Laufe der Unterhaltung, als wir ziemlich rückhaltlos unsere Meinung zum Besten gaben, erfuhr ich dann auch, daß der Stabsarzt ein Duell gehabt und eine Kugel durch die rechte Schulter bekommen habe. Der Stabsarzt sei ein ganz guter Kerl und suche stets gerecht zu handeln. Er habe sogar ihm, dem Unteroffizier, des öfteren sein Mißfallen geäußert, wenn man die ermüdeten und erschöpft aus dem Graben heimgekehrten Soldaten im Ruhequartier so sehr striezele, und daß er darum seine Patienten doppelt in Schutz nehme.

Am späten Nachmittag kamen wir in Courtrai an. Da schien es mit einem vollen Verpflegungsschein sehr Essig zu werden. Es sei doch schon längst Mittag vorüber, und es gäbe jetzt überhaupt nirgendwo mehr Mittagessen. Wenn wir nicht vor Mittag gekommen seien, so liege das lediglich daran, daß die Züge nicht schneller gingen. Im übrigen seien wir schon seit heute früh unterwegs und hätten Hunger, infolge des versäumten Mittagessens könnten wir doppelte Portionen vertragen. Schließlich ließ sich auch diese Schreiberseele bewegen und gab uns einen vollen Verpflegungsschein und einen Quartierszettel.

Ich war nicht im geringsten mehr hungrig und machte meinen Schein schleunigst zu Zigaretten, deren ich jetzt im ganzen etwa 500 hatte und suchte nach dem mir angewiesenen Quartier. Ich schlafe lieber im Grase als in einem muffigen Bette. Aber so nobel wie hier habe ich in meinem Leben noch nie geschlafen. Zunächst wurde ich mit vollendeter Höflichkeit empfangen. Ich sprach Französisch und der »Monsieur« tat mir wohl, weil es so sehr absticht von »Sie Ochse!« und »Sie Esel!« oder »Sie Rindvieh!«. Mein Zimmer wurde mir gezeigt. Ein wunderbares Zimmer mit kostbaren Möbeln in altflämischem Stil, das Bett hinter einem dunkelblauen Vorhang in die Wand eingebaut.

»Madame --«

»Ah oui, c'est la chambre de mon fils, lieutenant de l'armee belge, soldat comme vous.«

»Madame, je suis frappé, tant de bonté pur en soldat enemi.«

»Monsieur, je deteste seulement la guerre, pas le guerrier, quand meme, c'est un enemi.«

Also, das war das Zimmer des Sohnes des Hauses, der bei den Belgiern als Offizier stand, von dem sie seit einem Dreivierteljahr nichts mehr wußte. Ich war so viel Komfort vollständig entwöhnt und außerdem... Ich sah verlegen an mir herunter. Ich versuchte Einwendungen und sagte schließlich, daß ich wahrscheinlich Begleiter, »des poux«, Läuse, bei mir habe, und für die sei das Bett doch wirklich zu schade. Mit einem ganz feinen Lächeln bedeutete sie mir, daß sie auch dies in Betracht gezogen habe. Das Bad werde vor dem Zubettgehen hergerichtet, ein Nachtgewand liege für mich bereit, und meine Kleider könne ich im Badezimmer liegen lassen.

So ein Bett, ein richtig anständiges Bett, dessen Genuß man monatelang entbehrt hat, ist ein Geschenk des Himmels. Oh, der Güte und Liebe, echten christlichen Liebe dieser edlen Frau. Jedes Wort von ihr sprach Güte, jeder Blick strahlte Liebe, echte Liebe des Herzens. Oh, Krieg, wenn du wirklich so ein verabscheuungswürdiger, fluchwürdiger Verbrecher bist, so hast du hier wieder einmal eine Blüte, ein Wunder der mütterlichen Liebe gezeigt, und ich starre mit brennenden Augen gegen die Decke, und meine Seele schreit zu Gott:

»Warum, warum - weh mir Unglücklichem, von der Mutter des Sohnes, den ich töten muß, empfange ich lauter Güte!«

Den anderen Morgen gehe ich mit Madame zur Kirche. Wohl treffen mich einzelne verwunderte Blicke. Madame spricht auf dem Wege mit mir, als sei ich schon immer bei ihr gewesen. Die Leute grüßen alle achtungsvoll die ehrwürdige Matrone. Der einzige, der ein dummes Gesicht machte, war der Unteroffizier, der schon auf mich wartete, als ich aus der Kirche kam. Ich mußte aber noch mit ins Haus gehen und frühstücken, und der Unteroffizier staunte Bauklötze, wie sehr besorgt Madame um mich war. Ich hatte mir von ihr die Adresse ihres Sohnes erbeten, und ich gedachte, damit an der Front mal was zu unternehmen.

Als ich zum Abschied tief gerührt Madame die Hand küßte, gab sie diese Hand:

»Dieu vous benisse (Gott schütze Sie).«

Oh ihr Mütter aller Welt, euer Reichtum ist der allergrößte, die Liebe eures Herzen ist himmelhoch, unendlich wie das Meer und ist imstande, alles Böse und allen Haß der Welt zu bedecken. Göttlich allein zu nennen ist eure vollkommene Liebe. Ich erschauere unter der Kraft dieser göttlichen Liebe. Gebenedeit seist du, oh flandrische Mutter! Deine Liebe war die größte, die ich je erfahren habe. Die Liebe der eigenen Mutter, war sie nicht größer?

Ganz benommen blieb ich den ganzen Tag, und selbst der rauhbeinige Unteroffizier hatte etwas abbekommen, und wir mußten uns alle beide anstrengen, die Elendsgedanken loszuwerden. Es war auch sehr nötig; denn da vorne fing es an, ungemütlich zu werden. Unsere Heerführer bekamen nach des langen nassen Winters Starre Frühlingsgedanken in Form von Überfällen und regerer Gefechtstätigkeit.

Foto: Unbekannt, Attribution: Bundesarchiv, Bild 104-0128 / CC-BY-SA

Oktober 1915: Eine Regimentskapelle gibt ein Konzert

Ostern mal ganz anders - Houthulster Wald

Im Graben - Langemark

Ostern 1915 war es schon einigermaßen ungemütlich. Trotzdem sollten wir noch Ostern feiern, so gut es ging. Ich war zufällig bei der Ablösung, die die Feiertage im Ruhequartier zubringen durften. Na, diesmal respektierte selbst Häring die Würde des Tages. Als Surrogat des Tages bekamen wir Feldgottesdienst. Von weit und breit her wurden die Feldgrauen zusammengetrommelt am Endpunkt der Herzog-Albrecht-Bahn im Houthulster Wald. Eine zahlreiche, christliche, im Herrn versammelte feldgraue Gemeinde harrte der Dinge, die da kommen sollten. Wir standen in einem großen Halbkreis versammelt. Eine Lokomotive mit einem einzigen Güterwagen kam keuchend angeschnauft. Die Tür des Viehwagens schiebt sich auseinander, und unseren erwartenden Blicken zeigt sich ein kleiner eingebauter Altar, und vor ihm der Priester Gottes. Er erhebt seine Stimme, redet mit Schmalz, salbungsvoll, voll Pathos und hebt die Hände zum Himmel, die er aber viel schneller wieder sinken läßt. Er zuckt zusammen, den Blick ängstlich nach der Seite gerichtet.

 War es Zufall oder hatte irgendsoein gottloser neidiger Leutnant es mit Absicht gemacht; plötzlich kracht in die weihevolle Andachtsstunde der Donner einer nahestehenden Haubitzenbatterie. Die Feldgrauen grinsen, schon hat sich die Schiebetüre geschlossen, die Lokomotive zischt, tsch - tsch - tsch..., und rückwärts dampft sie davon, samt Güterwagen, Altar und Priester, und die große christliche Gemeinde bricht in ein homerisches, brüllendes Männergelächter aus.

 Es war das erste Mal, daß ich einen Seelsorger in nächster Frontnähe zu sehen bekam - in einer zwar wenig rühmlichen Form. Na, da er so schnell wieder verduftete, mußten wir einstweilen in unseren alten Sünden weiterleben. Und doch hätte in der nächsten Zeit gar manch einer von uns gewünscht, zu Ostern sich noch einmal richtig mit Gott versehen zu haben.

 Wir waren nämlich fix und fertig und warteten, täglich und stündlich, auf das Zeichen zum großen Angriff. Erhöhte Alarmbereitschaft! Die Wetterpropheten hockten bei uns im Graben, was für uns bedeutete, daß jeden Augenblick das Zeichen zum Angriff gegeben werden könne. Ja, zu unserem Ressort gehörten Wetterpropheten. Unser Manöver, unser Gasangriff war einzig und allein vom Winde abhängig. Ohne günstigen Wind kein Gas. Schon 14 Tage warteten wir auf den Wind, reinen, steten Ostwind. Und ach, in Flandern gibt es an 99 von 100 Tagen den Boreas, Nordwestwind. Das viele Warten machte nervös, und drüben, der Franzmann wurde angesteckt. Er schoß jetzt häufiger mit Artillerie auf unseren Graben und muß dabei auch eine Gasflasche beschädigt haben.

Alarm! - Pioniere von der Wache nach links kommen. Ich war mit dabei, und wir sprangen, so schnell es ging, durch den Graben zur Unglücksstelle. Die Dräger-Apparate umgehängt und an die Arbeit. Die beschädigte Flasche wurde herausgehoben. Sie war fast leer geworden. Das Ding wurde in eine Salzdecke gewickelt, und das Ganze in eine Zeltbahn gelegt. An den vier Enden faßten vier Mann an. Fiek setzte sich mit Leichenbittermiene an die Spitze des Zuges. Zwei Mann hoben die gekreuzten Spaten in die Höhe, das Zeichen für den Franzmann, daß ein höchst friedliches Werk, nämlich ein Grab gegraben wurde. Hinter der Zeltplane schritt ich, auf der Mundharmonika einen Trauermarsch spielend; den Schluß bildeten ein paar Pioniere mit Spaten über, denn im Angesicht des Franzmanns wird ein Grab geschaufelt, und die Mumie darin versenkt und begraben. Zum Schluß hielt Fiek eine schauerliche Grabrede, und im Angesicht des Feindes zogen wir mit der Musik (meine Wenigkeit) an der Spitze unbehelligt wieder ab.

Und kaum fünf Minuten später gab es wieder Theater. Man merkte deutlich, der Feind schoß sich auf die vorderste Stellung, wo die Gasflaschen eingebaut waren, ein. Gefährliche Sache. Der erste Graben war buchstäblich mit Gasflaschen gespickt, und wäre es dem Feinde eingefallen, etwas früher mit schwerer Artillerie zu schießen, dasselbe Unglück, was wir über ihn später brachten, hätte er uns zugefügt. Wir lebten jetzt nur noch zwischen Hangen und Bangen, ein Spiel, das an den Nerven zerrte. Kein Wunder, wenn es wahr gewesen wäre, was man von den Kompanieführern der Infanterie erzählte. Die Herren wurden alle 14 Tage neu ersetzt. Für ihr glorreiches, kriegerisches Verhalten beantragten sie gleich am ersten Tage ihres Auftretens im Schützengraben das E.K.. Und von dem Tage an, wo sie es erhielten, wurden sie unsichtbar. Sie verschafften sich einen Heimatschein, ließen sich von irgendeinem Stabsarzt d.u. (dienstunfähig) schreiben und verschwanden aus unserer Stellung wie die Wurst aus der Kammer. Also, dies ist wahr und nicht nur gut erfunden.

Und das allzu lange Warten hatte bei uns das Stadium der Erwartung längst überwunden. Wenn es hieß »morgen frühe«, achteten wir gar nicht mehr darauf. Und dann geschah etwas, was uns nicht allein mit äußerstem Erstaunen, nein, mit allergrößter Bestürzung erfüllte. Der Franzmann steckte an einer Stelle, wo wir nur knapp 15 mtr auseinanderlagen, ein Schild aus dem Graben:

»Michel, nicht abblasen, der Wind geht nicht!«

Das war Hohn in der höchsten Potenz. Also mußte schon alles verraten und verkauft sein.

Das mag dann vielleicht auch der Grund gewesen sein, daß es auf einmal gegen Mittag hieß, Uhren genau stellen, heute noch geht es los. Fiek saß bei mir vorne im Graben, und wir machten allerhand Dummheiten. Ich setzte mich auf seine Knie, und er schäkerte mit mir wie mit einem Mädel.

St - rums - haut so ein Ding direkt hinter die Grabenwand, daß das ganze Gesimse wackelt.

»Otting, ick glauwe, dat givt noch ekligen Stunk heute. Lat uns ein bitgen achter gen. Hier is dat nit so ganz richtig!«

Ja richtig, da kommt Dirke durch den Graben. Punkt zehn Minuten vor vier Uhr. Zeichen, eine gelbe Leuchtkugel. Ich sehe Fiek, er mich. Jeder geht an seine Batterie.

»Dann man tau!« waren seine letzten Worte.

Es waren nur noch 20 Minuten bis hin. Die Infanterie räumte vorne den Graben und wich nach hinten zurück (oh, wäre sie besser geblieben). Nun waren wir Pioniere da vorne auf je 20 Meter ein Mann allein mit Gott.

Eine unheimliche Stille herrschte die letzten Minuten vorher. Ich hatte meinen Sauerstoff-Dräger-Apparat umhängen und außerdem ein Päckchen präparierte Putzwolle mit einem Gummiband. Wenn der Patent-Dräger-Apparat unbrauchbar wurde, mußte man zum Päckchen greifen. Vor Gebrauch mit Wasser, am besten mit Salzwasser, reichlich befeuchten und dann vor Nase und Mund binden. Na, wie alles, mußten diese Sachen noch erst gründlich in der Praxis ausgeprobt werden. Wasser für sich und Salzwasser für sich, war vorne im Schützengraben nicht immer zu haben; aber Salzwasser, das hatte jeder von uns, wie jeder Mensch, in Gestalt von Urin immer bei sich, und ich kann jedem verraten, daß dieser das beste Behelfsmittel gegen Gas bietet. Jeder Gaspionier bestätigt das, und um das Leben zu retten, hat mancher von uns seine Nase in seinen eigenen Urin in der Putzwolle gesteckt.

Es sind noch knappe Minuten vor dem Losschlagen. Die Uhr schreitet unaufhaltsam vorwärts. Das Herz klopft ein bissel. Vor Angst?

Na, nachdem man den ganzen Winter in Kälte, Nässe, Schlamm und Sch- gelegen, muß einem ein Ende, gleich in welcher Form, nur höchst begehrenswert erscheinen. Ich möchte eher sagen, daß ich ein Gefühl wie das vor dem Examen hatte. Dazu diese unheimliche Stille! Hüben wie drüben Grabesstille am 22. April 1915. Ich spähe scharf nach rechts, wo in dem Unterstand der Wetterpropheten sich die Windmühle dreht. Ich sehe auf die Uhr, zehn Minuten vor vier Uhr. Herr Leutnant in seinen elegantesten Lackstiefeln schreitet gelassen über das Feld hinter dem Graben, schießt eine gelbe Leuchtkugel. Blitzschnell ducke ich mich, den Schraubschlüssel in Händen und mühe mich mit äußerster Kraft, die Schrauben aufzudrehen.

Verdammt, der Dräger-Apparat hindert mich absolut. Ich reiß' das Ding vom Halse, mach mein Päckchen schnellstens fertig und setze mit äußerster Gewalt den Schlüssel an. Ich höre das Gaszischen über mir. Im Moment setzte von drüben das Feuer ein. Wie auf einen Schlag. Oh, der war auf dem Posten, der Gegner. Und wie sicher schoß er, wie genau! Hellmetallisch takten die Maschinengewehrkugeln gegen die stählernen Schießplatten. Und die Artillerie schoß so präzise, wie sie gar nicht besser schießen konnte. Gott sei Dank, daß es nur alles Flachbahngeschütze waren. Wären statt deren nur halb soviel Steilfeuergeschütze gewesen - wehe uns armen Stänkern! Der ganze Graben wackelte. Der Teufel, die ganze Hölle war richtig losgelassen. Es krachte, blitzte, zischte, dampfte, bebte um mich ringsum, und ich gab keinen Pfifferling mehr um mein armseliges Leben.

»Ihr Hunde, wenn ihr mich so mit Gewalt totschießen wollt, so sollt ihr doch noch eine gute Prise von mir mitbekommen«, und ich drehte wie wahnsinnig und gebrauchte weder Dräger-Apparat noch Päckchen, um nicht behindert zu sein. Und die Flaschen waren verdammt liederlich gearbeitet.

Sämtliche Hähne waren mehr oder weniger undicht, so daß sich meine Ecke schnell mit Gas füllte. So, die letzte Flasche, fertig, pt - pt - pt, ich meine, meine sämtlichen Haare wären mir in diesem Moment vom Kopfe geweht. Direkt hinter dem Graben, zwei mtr von mir, war das Biest in den Dreck gefegt. Ich fühle mich an die Wand gepreßt, der Atem stockt mir, die weit aufgerissenen Augen starren in ein Bild der Hölle, Feuer, Flammen, Rauch, Dreck, Schwefel und Splitter. Wie an der Schnur gezogen, wie ein vom Blitz gefällter Baum, schlage ich die ganze Länge nach in den Graben hin, halte mein Päckchen unter mich und stopfe es mir dann vor Mund und Nase.

Rums - fast glaub' ich, nicht mehr zu leben. Der Schuß kann kaum einen mtr von mir gesessen haben. Ich sehe wenig vom Tageslicht. Das Maschinenwerk über mir hält die Grubenwand, die sich halb schräg über mich gesenkt hat. Es waren reichliche zehn Minuten Höllenqualen.

Zum Donnerteufel, soll ich denn hier vorne so ganz allein, ganz hilflos zerfetzt werden? Ich suchte meine Gedanken zu konzentrieren und konstatierte, daß ich im Moment nirgends sicherer sein konnte, wie hier am Boden mit der Nase im Dreck, an der Ecke der Schulterwehr. Einen Schritt aus dem Graben, vor- oder rückwärts, bedeutete den sicheren Tod. Der Franzmann schoß fabelhaft genau. Und unsere eigene liebe Artillerie - sie schwieg sich wiedermal aus in allen Tonarten. Wollte man wieder einmal Munition sparen und lieber ein paar Feldgraue opfern? Eine fürchterliche Wut überkam mich - ich muß sterben ganz allein - meine arme Mutter mit ihren verweinten Augen sehe ich aus der Türe mir nachwinken - alles aus - liebe Mutter - amen - aus.

Da, ein Bullern - endlich kommt von ferne her unser Artilleriefeuer angehetzt, und ich muß sagen, diese Musik war für mich Himmelsmusik. Eine wilde Freude riß mich hoch. Aha - schon schwieg das Gewehrfeuer von drüben. Zehn Minuten mochten seit Beginn schon vergangen sein. Wie ich stehe, sehe ich, wie der Graben sich wieder mit Infanterie füllt. Ich will schreien, der Hals brennt mir aber wie Feuer, ich bringe keinen Ton raus. Links in der Brust spüre ich ein Stechen, und jeder Atemzug schmerzt. Die Nase läuft wie ein Bächlein, sie schmerzt wie Feuer. Die Augen tränen und brennen. Im Graben zieht eine träge Wolke gelben Gases lang. Raus aus dem Dreck!

Zwei Meter neben mir steigt ein Infanterist langsam, bedächtig, mit aufgepflanztem Bajonett auf der Sturmleiter hoch. Da, ein Zischen, der Teufel kommt angeritten, ich fliege, vom Luftdruck weggedrückt, wieder in die Schulterwehr, Blutspritzer übers ganze Gesicht, von dem Armen ist nichts mehr zu sehen, als ob er in Atome zerrissen wäre. Kaum, daß ich zu mir komme, greife ich mit beiden Armen nach oben. Meinen Karabiner habe ich umgehängt, und mit einem Satz bin ich draußen - feindwärts. Ich renne schnell oder stolpere und springe 20 Meter vor, schmeiße mich hin und spähe nach rechts und links. Da sehe ich vereinzelte Gestalten mit gefälltem Bajonett im Schritt vorgehen. Ich stelle mich also auch wieder auf meine Beine, huste, spucke, und kann kaum ein Wort rausbringen. Kein einziger Infanterieschuß fällt noch von drüben. Hier und da noch ganz vereinzelt ein Artillerieschuß.

Wir lassen mehr rankommen und gehen dann erwartungsvoll auf den feindlichen Graben zu. Wohl ganz ohne Furcht; trotzdem auf der Hut. Aber nichts, gar nichts regt sich dort.

Doch - Schmerzensschreie, Husten, Husten. Da beeilen wir uns besser, kommen durch das feindliche Drahtverhau, unbehindert, stehen vor dem feindlichen Graben und nach einem Moment ist jedes Gefühl des Hasses und der tödlichen Rache, vor dem Anblick, der sich uns bot, erloschen. Da lagen sie, oder standen gar noch, die Braven, die vor dem giftigen Heldentod nicht ausgerissen waren, ihren Trotz aber schwer bezahlen mußten.

Ich sprang zu dem ersten runter, den ich traf:

»Eh, camerade - vite, vite - montez de la tranchée vite, vite, danger de vie!« Schnell nur raus aus dem Graben, jeder weitere Moment ist der Tod! Er versucht noch, mit tränenden Augen mich zu erkennen, drückt beide Hände auf die Brust:

»Oh camerade, je meurs! Au secours, gaz!«

»Allez vite, montez en haut! Allez partir Allemagne!«

Ich dränge, stoße, schiebe, hebe ihn aus dem Graben und deute ihm an, Reservestellung, Rückwärtsrichtung einzuschlagen. Dann springe ich um eine Schulterwehr, und gleichzeitig springt von oben ein Infanterist in den Graben. Ein paar Franzosen husten und machen keinerlei Versuch der Gegenwehr. Die sind auch total fertig... Ein älterer Mann, älter schon als die anderen Milchbärte sieht uns an.

»Pardon, camerade, six«, er zeigt mit der Hand sechs, »enfants«. Sechs Kinder hat er und hält zum Beweise in der einen Hand eine Fotografie.

»Schon gut, retour, partir pour l'Allemagne. La guerre finie pour toi.« Geh nur nach Deutschland zu. Der Krieg ist aus für dich! Der war nochmal verdammt gut abgekommen.

Also auf meiner Ecke gab es für uns keinerlei Heldentaten zu vollbringen. Da war alles tot oder durch Gas widerstandslos gemacht. Drum weiter so! Vor uns konnte es noch Arbeit geben. Auf unserem Abschnitt klappte alles sehr gut. Aber rechts von uns, dem Kanal zu, schien es schrecklich zuzugehen. Dort wurde kräftig geballert, während bei uns kaum noch ein

Schuß fiel. Wir ließen den ersten feindlichen Graben hinter uns und gingen in Schützenlinien weiter vor. Mitten zwischen uns legten die Feldtelefonisten schon die neue Leitung, und ein alter General schritt am Stock daneben.

»Vorwärts, Kinder, vorwärts, laßt sie nicht mehr sich in die Löcher festsetzen. Herrlich -, das klappt -, vorwärts - nur weiter!«

Wegen dem Gas, das noch hier und da besonders in Mulden sich festgesetzt hatte, eilten wir nicht so sehr.

Der kleine Meyer springt wie unsinnig umher.

»Fein, was - Herr Exzellenz, Papachen!« redet er, vor Begeisterung allen Respekt vergessend, den alten General an. Der nimmt es ihm gar nicht übel.

»Nur drauf, mein Junge! Es klappt, und in 14 Tagen kann der Krieg aus sein.«

Na, deswegen war es schon der Mühe wert, heute nochmal einen Sprung zu tun.

Schon waren wir wieder an einer neuen Stellung, rechts an Langemark vorbei. Hei, was war das? Feindliche Geschütze! Euch Ausländer lieben wir über alles. Ran an sie! Im Laufschritt ging's drauf zu. Vor den Geschützen war noch ein Graben. Wir durchsuchten ihn vorsichtshalber vorher. Nichts drin. Ich hantiere gerade in einem eleganten Unterstand 'rum. Da fällt direkt vor dem Zugang ein Schuß, der erste seit dem Vorgehn. Ich wende mich blitzschnell und fange mit einem halben Blick die Szene noch auf, wie der kleine Meyer auf die Seite springt, und ein Körper mit einem Gewehr und aufgepflanztem Bajonett von oben - plumps - runterfällt.

Der sprang dort hinter dem Haus raus auf den Unterstand, in dem du verschwunden. Ich hab schnell entsichert, und wie ich hochsehe, steht er über mir und will mit hochgehobenen Armen das Bajonett nach mir werfen. Aber vorher noch habe ich ihm meine Kugel durchs Kinn in den Kopf gejagt.

A propos, weil hier gerade vom Bajonett die Rede ist. Vor unserem Bajonett hatte der Franzmann einen heillosen Respekt. Meistens, wenn er es sah, riß er aus wie Hasenleder. Bei uns wurde das Bajonett gestoßen, bei den Franzosen war es mehr ein Werfen.

Wenn er angelaufen kam, hielt er das Bajonett hoch über dem Kopf und warf es aus nächster Nähe. Diese Art hatte etwas für sich. Sie war aber nur in der ersten Zeit des Krieges beim Gegner gebräuchlich. Das französische Bajonett war lang und vierkantig, hinterließ meines

Erachtens gefährlichere, aber weniger schmerzhafte Wunden. Das deutsche hatte mehr die Form des Messers. Seine Verletzungen waren vielleicht mehr schmerzhaft als gefährlich. Direkt gräßliche Wunden brachte das Pionierbajonett, da dessen Rückseite als Säge ausgearbeitet war. Diese Dinger waren bei uns ebensowenig wie beim Gegner beliebt. Es hieß, der Gegner erschieße jeden von uns, der mit solch einem Seitengewehr in ihre Hände geriete. Und weil er es uns schon ad oculos demonstriert hatte, waren wir selbst wenig für solche Seitengewehre eingenommen, und wer noch im Besitz eines solchen Unglücksinstruments war, suchte es schleunigst umzutauschen. Praktisch als Säge hatte so ein Ding ganz minimalen Wert, da die Schneide, auf der die Zähne saßen, wenigstens 2-4 mm breit war, und mit einer so breiten Schneide säge mir mal einer einen Baumstamm durch!

Doch zurück zu unserem Unterstand. Einstweilen konnte ich mir nur seine Lage merken. Es hieß, auf der Hut zu sein. Wir hatten 50 bis 60 Meter vor uns feindliche Geschütze entdeckt. Da geht man nicht vorne ran, dachte ich, die können ja geladen sein. Und dann in einem solchen Falle dürfen's schon ein paar Mann mehr sein. Mich wunderte nur, so wenig Mann vorgehen zu sehen. Wo zum Teufel blieben die Reserven! Nicht mal soviel Mann wie man sonst in der ersten Linie für gewöhnlich hatte, sah man hier beim Vorgehen. Und nochmal zum Teufel, hier war doch ein offenes Loch. Hier gab es fast gar keinen Widerstand. Mehr rechts schon eher.

Also, so dachte ich mit meinem einfältigen Pionierhirn, warum treibt man nicht, soviele man hat, durch dieses offene Loch? Wir waren so wenig Mann. Wenn wir Gefangene machten, lauter Halbtote nur, die vom Gas vergiftet, eher unsere Hilfe als unsere Feindschaft zu erwarten hatten, wir konnten ihnen kaum Aufmerksamkeit zuwenden, deuteten einfach mit einer Handbewegung an, sich nach hinten zu verfügen, und wankend und schwankend zogen sie ab. Viele fielen nach ein paar Schritten vornüber, das Blut brach ihnen aus dem Munde, und ihre Schmerzensschreie waren nur ein heiseres Krächzen.

Ja, was ist denn das? Der kleine Meyer springt, nein fliegt nach vorn zu, auf die Geschütze. Richtig, die zähen Tellermützen versuchen das Letzte, haben ein paar Gäule vor ein Geschütz gespannt und wollen wenden, flüchten. Und mein Meyer, das Milchgesicht, springt dem ersten Pferd in den Zügel. Junge, Junge, dich spießen sie auf. Ich rufe ganz kurz den Infanteristen in meiner Nähe zu, weise mit der Hand auf den Gegenstand, und mit Gebrüll stürzen wir alle vor.

Meyer hat als Gymnasiast Englisch gelernt, und mit seinem Schulenglisch schreit seine helle Kinderstimme:

»Stop, you are my prisoners!«

»Yes, we are.«

Schon waren wir ran. Allerdings, von den armen Kerlen war nicht mehr viel zu fürchten. Auch sie hatten genug von dem Gas. Aber, mit der Zählebigkeit ihrer Rasse hatten sie trotzdem das Äußerste versucht, obgleich die Hand kaum einen Zügel halten konnte. Mit rot schimmernden Nüstern dampften die prächtigen Rosse. Echt englische Ware.

»Oh, damn it, Whisky, have you?«

»Ach Meyer, der braucht Schnaps, habt ihr keinen?«

»Nix is, soll nur schnell machen, daß er zu uns nach hinten kommt, da kriegt er, was er braucht.«

Außer dem einen waren noch zwei Engländer bei dem Gespann. Noch ein Kleiner, mit typisch englischen, beinahe roten Haaren. Schwupps - ich hatte es kommen sehen, wie er runter vom Gaul plumpste und fing ihn eben noch auf. Na, die Leute waren nicht mehr imstande, ein Gespann allein zu lenken.

»Meyer, du mußt deine Trophäe schon selbst bergen. Hopp, fahr mit. Jaja, du mußt schon; denn dies Ding kommt unserer Kompanie schließlich allein zugute.«

Naja, er ließ sich dann auch bereden, wenn man es seinen Augen auch deutlich ansah, daß er lieber mit uns ins feindliche Uneroberte weitergewollt hätte. Der eine Engländer spuckte, ächzte, krächzte, hustete fürchterlich, und wenn er einen freien Atemzug machte, verlangte er Whisky. Ich griff in meine Tasche und in dem Verlangen, ihm zu helfen, hielt ich ihm einige, mit der Schale gekochte Kartoffeln hin, der Rest meiner Portion von gestern abend.

»Thank you!«

Er stopfte sie in den Mund, und es ist möglich, daß der gekaute Brei dem Halse einige Linderung verschaffte. Ich gab gerne meinen Vorrat hin.

Meyer saß oben. Dann schwenkte er ab nach hinten zu. Er gab mir noch ein Stück Kreide oder Kalkstein, ich solle doch noch auf die anderen Geschütze, die verlassen dastanden, unsere Bataillionsnummer aufmalen. Das tat ich auch noch an dem einen Geschütz und setze auch meinen Namen dazu. Noch zwei Geschütze, die ich billigerweise den

Infanteristen abtrat und weiter ging's. Wir ließen unterwegs kein Loch, kein Gestrüpp, nichts undurchsucht, und weil wir nur verhältnismäßig wenige waren, hielten wir uns dabei lange auf.

Foto: Unbekannt, Attribution: Bundesarchiv, Bild 183-R05923 / CC-BY-SA

Gasangriff in Flandern

Ostern mal ganz anders - Houthulster Wald

Quelle: U.S National Archives and Records Administration

Soldat und Pferd mit Gasmasken

Foto: Captain Frank Hurley, Quelle: Australian War Memorial ID Nr. E00825

Australische Infanterie (45th Battalion) mit Gasmasken in Zonnebeke bei Ipern 27. September 1917

Die Größte Unterlassungssünde...

Bitschoote - Langemark

Daß wir an diesem Tage so äußerst wenige waren, ist die größte Unterlassungssünde, die ich in diesem Krieg erlebt habe. Hundertmal soviele hätten es sein dürfen, und an unserer Stelle wären wir durchspaziert bis Calais, hätten dann rechts, wo es übrigens sehr lebhaft zuging, zu Hilfe eilen können, und vieles Blutvergießen hätte erspart werden können. Ja, ich behaupte, 3 ½ weitere furchtbare Kriegsjahre wären uns erspart geblieben. Noch immer humpelte der greise General neben dem Feldtelefon und schrie mit seinem Baß wütend in den Apparat. Der dümmste Muskote begriff, was ihn erregte. Keine Reserven, die endlich durchstechen und das Loch nach rechts und links verbreitern sollten.

Um vier Uhr war der Anfang des Angriffs gewesen. Es war bereits gegen 7 Uhr, und wir waren schätzungsweise schon neun Kilometer vorgestoßen. Vor uns kein Feind, links nicht, rechts nicht, und da kommt der ---- Befehl?!

»Halt machen --- Stellung --- eingraben!«

Und wie zur Entschuldigung ließ der greise General sagen:

»Der rechte Flügel kommt nicht mit.«

Was, Eingraben! - ich bekomme einen Wutanfall - eingraben - eingraben! Oh, du lächerlicher Krieg! Narren - Idioten sind deine Schlachtenlenker. - Keine Feldherren. Oh, Fritz, du alter Fritz - warum bist du 130 Jahre zu früh gestorben - du Feldherr von der Spitze! Wie kommt es, daß ich an Hannibal denken muß:

» Primus in podium incidit, ultimus recedit.«

So ein Mann fehlte uns hier. Mit meinem bißchen Pionierverstand hätte ich mich an diesem Tage getraut, den ganzen Krieg zu gewinnen. Der da weit hinter uns, fernab vom Schuß, die Schlacht lenkte, wollte oder durfte nichts vom Krieg verstehen. Abgesehen davon, daß wir so überaus glänzende Fortschritte machten, war die Verfassung, der Zustand, kurz, die ganze Psyche des Kämpfers, also auch meiner Wenigkeit an diesem Tage überaus glänzend. Wenn der Geist von 1914 so sehr gelobt wird, hier war noch etwas Besseres. Damals konnte man von einer gewissen Massensuggestion sprechen, aber hier war, abgesehen davon, der Wert des

Individuums bedeutend größer. Dieses Leben in Drecklöchern, zwischen Schlammland und Sch---, einen ganzen Winter lang, konnte es auch dem phlegmatischsten mal antun, wenn er, wie heute, vor die Wahl gestellt wurde, dieses Hundeleben mit einem Schlag beenden zu können. Daß man dabei sein Leben einzusetzen hätte, galt diesmal wirklich gar nichts. Dabei hatten wir im Laufe des Winters allerhand Praxis uns erworben. Wir waren auch, verdammt, nicht verweichlicht. Wir hatten aber alle nur das eine Ziel vor Augen, endlich aus dem Dreck zu kommen, aus dem ewigen Schützengraben - und mußten uns statt dessen wieder eingraben.

Schurken - Verräter - sind die, die uns führen. - Zornbebend standen sie da, die Krieger - mit Zornestränen in den Augen standen sie da, auf ihre Gewehre gestützt, die brennenden Augen nach Westen gerichtet; und das war ihnen allen klar, jeden Meter Erde, den sie heute vielleicht unbesetzt ließen, mußten sie in zwei bis drei Tagen zollweise, vielleicht mit vielem Blut erobern.

»Es ist zum Tränen pforzen«, sagte ein Infanterist, »wer weiß, wie lange es jetzt noch dauern mag!« und machte sich davon, das neue Grab seiner Hoffnungen auszuwerfen.

Alle Hoffnungen mit einem Mal zertrümmert - oh, ich wollte - ! Flüche und Verwünschungen auf der ganzen Linie, und die Vorgesetzten stimmten eher mit ein, als daß sie es wehrten.

Ich hing meinen Karabiner wieder über die Schulter, tat einen langen Blick westwärts und machte dann »kehrt - marsch!« Niemand konnte mich finden, ich war Gaspionier und gehörte nicht zum Sturm. Unser Befehlshaber war selbst nicht mitgekommen. Mein nächstes Ziel war der elegante Unterstand. Jetzt war er ja nicht mehr so gefährlich, und ich konnte ihn besser beaugenscheinigen. Da sagte ich mir gleich, die halten besser wie wir.

Offenbar war dies ein Offiziersunterstand. Ich eignete mir ein elegantes Handköfferchen an, gefüllt mit - Pralinen. Seit gut einem halben Jahr hatte ich nicht mehr so feine Sachen gesehen. Ich befand mich fast ganz allein auf weiter Flur.

Es ging auf den Abend zu, und ich durfte mich beeilen. Nach einer guten weiteren Stunde kam ich bei unserer Ausgangsstellung an. Unterwegs hatte ich noch 17 unverletzte, gaskranke Franzosen aufgelesen. Da waren viele von meiner Kompanie beim Aufräumen begriffen. Ich suchte meine Batterie auf. Das Maschinenwrack hatte sich halb über sie gesenkt. Ich besah mir ein paar Löcher, die besonders naß gegangen waren und dachte mir, wie leicht hätte es diesmal ins Auge gehen können. Na, und die Nachbarschaft! Links hatte Fiek gestanden. Ich hatte ihn noch nicht gesehen und fragte nach ihm. Schweigend deutete mir ein Pionier auf eine Zeltplane hin. Ich trat hinzu, lüftete ein wenig, zog sie dann ganz weg. Da lag er, das blühende Leben, - erloschen - für immer. Die rechte Gesichtshälfte wie mit dem Messer vollständig weggeschnitten. - Nur gut, daß ich das nicht zwei Stunden früher gesehen. Ein ungeheurer Zorn und Rachedurst gegen die Engländer füllte mich. - Den Toten kann ich nicht lebendig machen. - Ich suchte weiter nach der anderen Richtung. Da lag Walter - auch tot? Ich beuge mich nieder, schreie ihm seinen Namen ins Ohr. Ich glaube nicht, daß er tot ist. Er rührt sich zwar nicht. Und doch ist kaum eine Verletzung zu entdecken. Nur das eine Auge gequollen, geschwollen, fest geschlossen, und ein ganz feiner Riß, wie der Kratzer einer Katze. Der ist nicht tot, sage ich mir immer wieder, wenn man ihn auch schon als tot liegengelassen hatte. Die kranken Franzmänner saßen auf der Grabendeckung und sahen mir zu. Na, was konnte ich da helfen?

Ich band ihm mein Verbandspäckchen um den Kopf und ersuchte meine Gefangenen, mir zu helfen, den Körper wegzubringen. Willig faßten sie an - und ach - waren alle selbst so schlapp. Mit Mühe und Not schaffte ich mit ihnen den leblosen Körper die 400 mtr weit bis Bitschoote zum Sanitätsdepot. Übers offene Feld; denn durch den Verbindungsgraben war's unnötig und unmöglich. In dem Graben lagen stellenweise haufenweise die Leichen. Diesen Graben hatte der Gegner gut gekannt und gleich beim Angriff gut unter Feuer genommen.

In Bitschoote erkundigte ich mich zunächst mal, was ich mit meinen 17 Gefangenen anfangen sollte.

»Oh, camerade, gaz!« stöhnt der eine und sinkt mir in die Arme.

Es war grauenhaft. Und dabei hätte ich auch mal bald an mich selbst denken sollen. Die Schleimhäute in den Augen, in der Nase, im Halse brannten wie Feuer. Doch schien es mir nicht so gefährlich und hoffte ich, daß alles bald wieder verschwinden würde.

Einstweilen schaffte ich mir erst die Gefangenen vom Leibe. Zum Abschied wünschte ich allen das Beste, tröstete sie, daß sie das große Tor der Entscheidung über Leben und Tod in diesem Kriege schon passiert hätten. Im Gefangenenlager lasse sich immer noch besser leben als im Schützengraben, und die Deutschen seien alles weniger als Menschenfresser. Und vor allen Dingen hätten sie die tröstliche Gewißheit, ihre

Lieben doch mal wiederzusehen. Ach, die armen Teufel waren bei allem Elend und Schmerz darüber wieder froh, drückten mir die Hand und kramten in ihren Taschen nach irgendeinem Geschenk für mich, um ihre Liebe zu beweisen, mir, dem, der ihnen vielleicht das Gas zu kosten gegeben. Ach, ich fürchtete sentimental zu werden.

»Adieu, camerades, portez vous bien«, sprachs und ging fort. Ihre Andenken, Photographien, etc. steckte ich gut weg.

Ja, was sollte ich jetzt weiter beginnen! Unsere Arbeit für heute war getan. Es ging auf die Nacht zu. Wenn wir wollten, konnten wir ins Ruhequartier gehen. Wozu, dachte ich, um den anderen Tag den weiten Weg wieder zu machen? Na, dann müßte ich mir mal einen Unterschlupf zum Schlafen für die Nacht suchen. Hinter dem Dorfe war eine Haubitzenbatterie frisch aufgefahren. Ich kam vorbei, und krachend und heulend spien die Rohre Feuer und Flammen. Wenn man sich hinter die Geschütze stellte, konnte man die Flugbahn des Geschosses wahrnehmen; ein ganz feiner, feuriger Strich in den Nachthimmel.

»Mensch«, sagt ein Kanonier zu mir, »wenn du hier nichts zu tun hast, dann drück' dich, die werden bald antworten von drüben, und dann ist es hier lebensgefährlich!«

»Wo habt ihr denn euren Unterstand? Ich möchte gern ein bissel schlafen.«

»Ja, warum bleibst du nicht bei deiner Truppe, die wird doch auch Unterstände haben?«

»Haben wir schon; aber darin kann man nicht schlafen. Die sind alle vergast.«

Na, da durfte ich dann bei ihnen bleiben, und ich sagte ihnen, daß sie mich morgens früh beizeiten wecken sollten oder noch früher, wenn nötig. Auf dem angewiesenen Platz sackte ich alsbald um und entschlief sofort. Aus schwerstem Schlummer wurde ich wachgerüttelt.

»Hey, Pionier, auf! Komm schnell raus, helfen!« Ach, mein Hals! Im schweren Schlaf hatte ich schon die Schmerzen gespürt. Meine Augen waren viel schlimmer geworden.

Die Batterie hatte Befehl bekommen, weiter vorzugehen. Die Leute vermuteten ganz richtig, daß ich als Pionier mich im Gelände am besten bei Nacht zurechtfinde. Die Geschütze waren schon bespannt, beim Schein der Taschenlampe studierten wir die Karte. Hier über Bitschoote hinaus ist Wald und Gestrüpp. Da hindurch geht ein Graben. Da müssen wir Aufstellung nehmen. Dann mal los. Bohlen, Balken wurden einige mitgeführt. Schon vor dem Sturme waren von den

Pionieren kreuz und quer durch das Gelände laufende Fahrwege gebaut oder vorbereitet. Darin fand ich mich auch im Dunkeln gut zurecht. Es dauerte sodann auch nicht lange, daß ich die Gesellschaft an Ort und Stelle brachte. Die Kanoniere erzählten, daß sie nun seit gestern schon wenigstens sechs Kilometer vorgerückt seien. Als ich ihnen sagte, daß die erste Linie noch wenigstens fünf Kilometer weiter vorn liege, meinten sie, daß ihres Bleibens am neuen Ort auch nicht von langer Dauer sein könnte.

Na, mein bißchen Nachtruhe war vorbei; wohin dann auch weiter? Ringsumher rumorte es überall. Wenig Kampftätigkeit. Nur weiter rechts am Kanalübergang bei Isegem, da ging es etwas lebhafter zu. In unserer Gegend schwieg der Kampf vollständig. Trotzdem herrschte reges Leben in der Nacht, um die Beute des Schlachtfeldes zu bergen. Es war ja allerhand, was uns in die Finger geraten, wie ich später aus dem Heeresbericht las. 17000 Gefangene, 65 Geschütze. An der Westfront war das etwas Beispielloses und seit Oktober 1914 nicht mehr dagewesen.

Ganz besonders reiche Beute war uns bei Langemark in die Hände gefallen. Auf meiner nächtlichen Wanderung geriet ich dorthin. Vor Langemark hatte man sogar eine weibliche Gefangene aus dem Unterstand geholt. So heimisch waren sie in der langen Winterruhe geworden, daß man gar die Frauenzimmer mit in Stellung bringen durfte. Sie erfüllten allerdings eine höchst friedliche Aufgabe, indem sie das Essen für ihre braven Pioupious (Infanteristen) herrichteten.

Langemark hatte höchstens ein bis eineinhalb km hinter der feindlichen Stellung gelegen. Darin aber hatte der Gegner sich so heimisch gefühlt, daß er auch gar nichts weggeschafft hatte. Die Deutschen hatten ja nicht hineingeschossen, weil sie Munition sparen wollten.

Das Reguläre Frontschwein

Quelle: Unbekannt, aus: The Great War: The Standard History of the All Europe Conflict (volume four) edited by H. W. Wilson and J. A. Hammerton (Amalgamated Press, London 1915)

Belgische Soldaten mit Gasmasken

Muhh

Infolgedessen fiel den Stürmern reiche Beute in die Hände. Im Orte stieß ich auf ein paar Kameraden meiner Kompanie. Die machten gute Beute. Ich trug noch immer das elegante Lederköfferchen aus dem Offiziersunterstand mit. Sie waren recht begierig, und ich teilte freigebig aus. Der eine schenkte mir ein feines Hemd und der andere ein langes, rotes Tuch. Ich hatte früher mal in Frankreich gesehen, daß die Franzosen sich ein solches Tuch um den Leib schlagen und ihre Pantalons damit befestigen. Pioniere, weil sie an die Nacht gewöhnt sind, haben in der Dunkelheit die schärfsten Augen, aber auch gute Ohren. - Horch, was ist das? - Muh - Muhhö - eine feindliche Kuh. Dunnerlittchen - auf sie mit Gebrüll! Wir spitzten andächtig die Ohren, ihr Gebrüll nochmal zu hören. - Da, irgendwoher wieder Muhh - so unterirdisch und vielleicht gar nicht fern. Da war ein Hügel, so eine Art Kartoffelkeller und richtig, an der einen Seite auch ein Eingang. Aufgestoßen - dicke warme Stalluft strömt uns entgegen. Im Schein der Taschenlampe sahen wir das breite Gesicht der Kuh auf uns gerichtet, und jetzt hebt sie erst richtig an zu brüllen, ein ganzes Sonnett in einer Tour. Heu ist auch da, und ein Eimer Wasser läßt sich schleppen. Aber trotz Wasser und Heu brüllt das arme Vieh nun ununterbrochen Kantate.

So ein Vieh muß auch gemolken werden; und wahrlich brennt ihr die Milch, findet einer von uns und macht schon Kunstgriffe am Euter, und das arme Vieh schreit noch mehr, und schließlich wirft sie den Missetäter hintenüber, indem sie sehr geschickt und gleichmäßig ihm mit dem breiten Schwanzwedel mitten ins Gesicht fährt und ihn gleichzeitig mit der ebenso breiten Hinterflosse ausladend vor den Leib tritt.

»Das mußt du anders machen«, belehrte ich den Abgewiesenen. Ich hatte daheim in meiner Kindheit schon mal beobachtet, wie so ein Schweizer vor dem Melken erst recht kräftig in beide Hände spuckte, damit die Zitzen einrieb und dann losmelken konnte.

»Also paß auf, die Sache muß vorher geschmiert werden.«

Ich spuckte erstmal kräftig in die Hände und begann nach allen Regeln der Technik, über die ich verfügte, zu melken. Mir fehlte nur die Routine; aber mit viel gutem Willen allerseits ließ sich schon einiges vollbringen. Und ein Trinkbecher nach dem anderen war voll, nicht voll

Spucke, sondern voll Milch, frische Milch, warm von der Kuh. Und wie sie schlürften, die Schlemmer in Feldgrau.

»Ja, wenn es nachher immer so was Feines gibt, dann lohnt es sich wahrhaftig zu stinken.«

Diese göttlich, breitgestirnte, mit Ambrosia und Nektar erfüllte Kuh mußte uns erhalten bleiben. Nach kurzer Kriegsberatung beschlossen wir einstimmig, sie zur Kompanie zu bringen. Aber gleich äußerte ein Misanthrop, daß wir in diesem Falle die allerwenigste Milch bekommen würden. Schließlich wird die doch nur fürs Offizierskasino bestimmt.

Einerlei, die Kuh mußte mit. Wir banden sie los und führten sie ein Stück hinaus. Der Tag graute. Wie das Vieh aber Morgenluft wittert, fängt es an, wild zu werden, macht Sprünge, schmeißt beide Hinterflossen gleichzeitig in die Luft, stellt den Schweif senkrecht wie einen Besenstiel hoch in die Luft, reißt den um, der sie am Seile hält und - hast du nicht gesehen - beginnt eine wilde Jagd. Und wir hinterher.

»Einen Sack, einen Sack!« - rufe ich, »ein Königreich für einen Sack.«

Ja, finde mal einer das, was er gerade braucht. Also reiße ich mein Sturmgepäck über den Kopf weg und stürze mit dem aufgerollten Mantel nach. Im freien Gelände hätten wir lange rennen können. Zum Glück verrennt sich das Biest in einer Sackgasse. Wir hinterher. Da stellt sie sich breitbeinig uns entgegen und glotzt uns an.

»Pass uff, die rennt dich über den Haufen«, schreit einer und entsichert den Karabiner.

Nicht so, nur die Ruhe und die Hoffmannstropfen - und den Mantel. Furchtlos wie der Held von Mancia gehe ich mit ausgebreitetem Mantel auf das Vieh zu und schmeiß ihr denselben über den Kopf, und die Kuh steht, steht sage ich, wie auf vier Beinen am Boden festgeschraubt. Jetzt waren wir zu vier Mann bei ihr und gaben ihr die lieblichsten Koseworte, ziehen, schieben, stoßen, zerren, - umsonst, sie geht keinen Schritt. Da faßt der eine sie an der Rückgratverlängerung, verdreht sie ein wenig und nolens, volens tappt sie ein paar Schritte weiter und stellt sich dann wieder bockbeinig. Das ist wirklich eine verdammte, ganz französische Kuh, die nichts wissen will von die »verdammte prussiens«. Wenn du nicht willst, dann mußt du, und sehr langsam, aber einigermaßen sicher, bringen wir das lebende Inventar ein Stück weiter. Zum Gaudium aller derer, die uns begegnen. Wer die Kuh hat, braucht für den Spott nicht zu sorgen. Oh, diese niederträchtige Kuh brachte uns alle vier mächtig in Dampf. Ihre Milch sollte uns recht sauer gemacht werden.

Zwei Stunden mühten wir uns ab und waren kaum einen km weiter gekommen. Und dann kam ein für uns unüberwindbares Hindernis, ein Schützengraben. Resigniert banden wir das Vieh an einen Pfahl, setzten uns auf den Grabenrand, um ein wenig zu verschnaufen, und fingen an, die Kuh zu verwünschen. Ja, wenn es nicht wegen der Milch wäre! Und schließlich ist diese doch nur fürs Offizierskasino.

»Was tun?«, spricht Zeus. Und was geschah?

Durch die Hecke zerren ein halbes Dutzend Infanteristen ein Kalb. Das Kalb sieht die Kuh und stürmt mit Hurra auf sie zu, sechs Infanteristen hinter sich her. Und bei der Kuh suchte es alsbald Labung. Infanterie und Pioniere lachten dazu. Und ich weiß nicht, irgendeiner von uns sagt so aus dem Hintergrunde: vier Mann, eine Kuh, und sechs Mann, nur ein Kalb, ist eigentlich ein unehrliches Verhältnis. Es war nur so aus dem Hintergrund gesprochen; aber der ins Wasser geworfene Stein zog Kreise. Fragend sahen uns die Infanteristen an.

»Ja«, meinte wieder der eine, »sechs Mann fressen schneller ein Kalb als vier Mann eine Kuh. Wir könnten eigentlich einen Handel machen. Was gebt ihr uns auf die Kuh heraus?«

Da wir anderen nichts einwendeten, begriff die Infanterie, daß sie hier tatsächlich ein vermeintlich profitierliches Geschäft machen könne. Sie gaben noch zu, was sie irgendwie Gebenswertes hatten, in der Hauptsache erbeutete englische Zigaretten. Sie lobten uns brave Pioniere noch außerdem wegen unseres kameradschaftlichen Verhaltens. Was groß Reden; denn schließlich lecken die Milch doch nur die im Offizierskasino. Ob sie es eine Stunde später auch noch getan hätten, entzieht sich meiner Kenntnis. Also, wir schlossen den Handel, hoben zu vier Mann das Kalb kurzerhand über den Graben. Das hätte uns die Infanterie eine halbe Stunde vorher vormachen können, konnte es uns aber jetzt nicht mehr nachmachen. Konnte es nicht, und als sie uns fragend wehmütig nachguckten, gaben wir ihr den besten, annehmbarsten Rat, irgendeinen Übergang zu suchen, den die Artillerie für ihre Geschütze über den Graben gelegt. Das Kalb stellte sich, anscheinend auch alles weniger als deutschfreundlich, ebenso bockbeinig an wie die Kuh. Immerhin ließ sich das verminderte Gewicht schon besser fortbewegen als vorher die schwere Kuh. Zwei Mann zogen vorne am Strick und zwei Mann schoben von hinten, und unser oben erwähnter Kamerad schien es absolut auf den Schwanzgriff abgesehen zu haben. Natürlich verursachte das dem Kalb

Schmerzen, und ich habe es dem Tierchen drum gar nicht verübelt, daß es ihm was gesch... hat. Im Eifer des Gefechtes fiel es ihm erst auf, als er den saftigen Spinat auf der Hand spürte. Unser Handel war nicht der schlechteste, gab die Kuh uns Milch, kriegten wir hier fertiges Gemüse.

Wir hatten unsere liebe Not und kamen richtig in Schweiß dabei. Und schließlich kamen wir an einer Artilleriestellung vorbei. Die Kanoniere sind Füchse von Hause aus. Sie schenkten uns ihr Mitleid und gaben uns abgekämpften Pionieren Rum zu trinken. Und waren dabei gar nicht geizig. Und gaben uns immer noch eins. Als wir schon etwas erhitzte Köpfe hatten, fingen sie allmählich an, es sehe doch nicht schön aus, wenn des Kaisers Pioniere wie Viehtreiber auf dem Schlachtfelde rumliefen. Und dabei gar noch in Schweiß zu geraten. Ja, meinten wir, wir freuten uns aber trotzdem darauf, mal wieder einen richtigen Happen Fleisch zwischen die Zähne zu bekommen. Sie sagten, Kalbfleisch sei nur Halbfleisch. - Das könnte leicht möglich sein, mußten wir zugeben. So ein Stück Vieh müsse man gleich an Ort und Stelle abschlachten. Sonst lohne es sich nicht. Wirklich nicht. Und programmäßig würden wir jetzt jeden Tag zehn km tiefer in Feindesland vorstoßen, und da gebe es noch Rindvieh genug.

- Wenn dem so war - begriff unser bereits stark umnebeltes Gehirn, wozu dann diese Murkserei? Schnell noch jedem zwei Flaschen Rum rechts und links in die Tasche befördert, und die Artillerie hatte den Handel gemacht, und zufrieden zogen wir ohne Kalb fürbaß, faßten uns unter und freuten uns und sangen:

»Wenn Pioniere ins Feuer gehen!«

Und im schönsten Singsang wurden wir angeschnauzt, als wenn Exzellenz Parade hielt. Aus einem Unterstand war irgendsoein Leutnant rausgekrochen und erprobte an uns die Macht seiner Rede. Ja, wenn er den Feind suche, solle er eine Stunde weiter frontwärts gehen, meinten wir und zogen gelassen weiter und rissen im nächsten Moment die Augen auf und sahen uns blöd an.

Leere Flaschen für den Mann mit den Sieben Sprachen

Bitschoote

Etwa hundert Meter vor uns spritzten haushohe Erdfontänen auf, und eine Sekunde später folgte eine fürchterliche Detonation. Oho, wird hier schon wieder scharf geschossen? Und was für ein Kaliber mußte das sein? Solche Einschläge hatte ich in diesem Kriege noch nicht beobachtet.

Später hörte ich, daß es Schiffsgeschütze gewesen sein sollen, die uns auf ganz beträchtliche Entfernung von See aus beschossen, als Antwort auf die Beschießung Dünkirchens, das seit gestern von einem deutschen, im Houthulster Wald frisch eingebauten 35 mtr Langrohrgeschütz beschossen wurde. Angesichts des kritischen Anblicks kamen wir schnell zu uns, rannten querfeldein, um aus der Gefahrenzone zu kommen und hatten auf einmal wieder eine Lage ganz in unsrer Nähe. Wir liefen, was wir konnten, bis Bitschoote.

Von der Stille des gestrigen Abends war wenig mehr zu merken. Schuß auf Schuß ging ins Dorf, und halbzerstörte Häuser wurden vollends in Trümmer geschossen. Wir kamen gerade richtig, denn alles, was an Pionieren aufzutreiben war, wurde gesammelt, um die leeren Flaschen auszubauen.

»Leere« Flaschen! Kuchen, die größere Hälfte war nicht abgelassen!

Der Ausbau war entschieden schwieriger als der Einbau. Ich arbeitete mit Busch an einer Batterie. Wir hoben eine Flasche heraus, und wie es kam, weiß ich nicht, dem Busch rutscht der Kneifer von der Nase und fällt ins Loch. Dasselbe war gut 1 ½ mtr tief. Mit seinem Arm konnte er nicht hineinlangen. Er nimmt einen Stock und fischt in dem nassen Loch rum und - stürzt ab, und ich werde aufmerksam, als ich sein unterirdisches Brüllen höre. Sehe die Beine aus dem Loch winken, springe zu und zerre ihn an den Stiefeln wieder hoch.

»Heu mi hi, qualis crat« - wie sah er aus!

Das Haupt insbesondere, und das andere im allgemeinen, war über und über mit Lehm beschmiert. Und er schreit nach seinem Kneifer; denn ohne den konnte er im Tageslicht so wenig sehen wie die Nachteule.

Ja, Einjähriger, im Kriege kann man den Hochmut besser daheimlassen, was machen wir nun?

Ich reiße noch die andere Flasche weg, daß das Loch größer wird und finde dann auch den im Schlamme versunkenen Kneifer wieder. Menschenskind, jetzt aber »dalli«, daß wir hier an dieser verdammten Ecke fertig werden. Denn unregelmäßig und verstreut folgten Einschläge von schwerer, feindlicher Artillerie, und da das Feld von uns Pionieren nur so wimmelte, konnte das Unglück gar nicht ausbleiben. -

»Sanitäter!« - Ein Sanitätsunteroffizier von uns, der es sich nicht hatte nehmen lassen, beim Angriff gestern helfend dabeizusein, springt in langen Sätzen übers Feld, wo die Granaten Unheil angerichetet. Einer liegt mausetot platt auf dem Gesicht, und den anderen hat's am Kopf erwischt, und der liegt nun da und schreit so sehr. Der Sanitätsunteroffizier hockt mit seinem Pflaserkasten schon bei ihm und legt ihm einen Verband um den Kopf. Und selbst die heilige Nächstenliebe ist dem Krieg nicht heilig. Als ganz großer Zufall haut wieder so ein Ding in die Nähe. - Die sind hin, denkt jeder.

Als die Wolke von Feuer, Rauch und Dreck sich lichtet, rennt der Sanitäter mit zwei zerrissenen, hoch erhobenen Händen, die vom spritzenden Blut schaurig anzusehen, brüllend davon, und der andere schweigt ganz. Sein Schädel war jetzt vollständig zertrümmert. Es war Liebelt, wegen seines stets heiteren, freundlichen, kameradschaftlichen Wesens der Liebling der Kompanie; dem Unteroffizier binden zwei andere die Arme ab.

Jetzt aber lastet das Grauen auf uns. Wir schuften, was wir nur können, um baldigst aus dieser Ecke rauszukommen. Herrgott, da sind noch so viele Flaschen gefüllt, wenn die drüben nur ein paar Dinger richtig schössen, gäbe es unabsehbare Folgen.

Vielleicht ist es auch einer der großen Zufälle des Krieges gewesen, daß keine Flaschen getroffen wurden. Aber warum ließ man die da drüben so ungeniert schießen? Konnte man, wenn es Schiffsgeschütze waren, von Nieuport aus nicht ein paar Unterseeboote gegen sie hetzten? Uns allen schwante gar nichts Gutes. Ja, wären wir gestern nur weitergezogen, hätten den Gegner gar nicht zu Besinnung kommen lassen, daß er gar keine Zeit mehr hatte, neue Geschütze aufzustellen. Wenn wir auf diesem Gelände bleiben mußten, wo er jeden Graben genau kannte, dann hatten wir noch riesige Verluste zu erwarten. Also, wir arbeiteten mit dem Teufel um die Wette. Sehr schweigsam und finster. Ein feindlicher Flieger kam.

Sofort standen oder besser lagen wir alle wie die Bildsäulen. Mit seinem Verschwinden hörte auch von drüben das schwere Feuer auf unserem Abschnitt auf.

Es war Nachmittag geworden, und unsere schwere Arbeit war unter dem Druck der feindlichen Granaten getan. Die Flaschen wurden noch sortiert in leere und volle, und dann durften wir heimgehen. Ja schon; aber die meisten hatten noch schnell was zu besorgen. Wer noch was zu besorgen, keine gute Prise gemacht hatte, ging noch mal schnell in die vom Feinde noch gestern besetzte Stellung, um was zu finden. Wir vier Genossen vom Rum sammelten uns und schritten zwischen den Drahtverhauen umher. Da lagen noch Tote von 'nem halben Jahre. Ein Senegalneger in der typischen, knallroten Hose und blauem Kittel. Die Farben vom Wetter allerdings vollständig ausgebleicht. Sein Gesicht: Schwarze Masse. Natürlich die Augenhöhlen leer, weißer Schimmel auf der schwarzen Stirne.

»Wo ist der Mann mit den sieben Sprachen!« Das war Feldwebel Häring, unsere geliebte Kompaniemutter, auf der Suche nach mir.

Ich hatte bei ihm fast alle Fronten des männermordenden Krieges bis jetzt abgekloppt. Überall, wo wir hinkamen, hatte ich schnell den Dreh raus, wie man sich mit den Eingeborenen schnellstens verständigen konnte. Ich war zuerst 1914 sechs Wochen in Frankreich. Ich konnte jeden Franzosen verstehen. Dann nach Rußland, in ein paar Wochen kam ich mit den Polen zurecht.

»Multum mese, buine«, empfing der Rumäne schon am ersten Tag seine Antwort.

Meinen braven Pionierkameraden blieb die Spucke weg, jedesmal, wenn gleich am ersten Tag ich im neuen Land anfing, mich zu verständigen. Für den Feldwebel, der außer seinem Westerwälder Heimatidiom nur das Hochdeutsche zur Not beherrschte, war ich das Wundertier mit den sieben Sprachen.

Wie immer, wenn wir in eine neue Gegend kamen, erinnerte er sich zunächst meiner, wenn es galt, Quartier zu machen. Und letzte Zeit wechselten wir unser Quartier ein bißchen viel. Daran war das Sturmbataillon, das wir geworden, und Hindenburg oder Ludendorff schuld. Seit diese beiden Herren an der Westfront erschienen, waren wir Pioniere vom Sturmbataillon 7 vorne gehetzte Menschen. Früher kam es vor, daß wir ein halbes Jahr in einer Stellung blieben. Jetzt wurden wir manchmal zweimal in der Woche umquartiert. Ich dachte oft, wir sind die Läufer des Schachbretts geworden. Es war wirklich nicht mehr schön auf »der Welt«.

Nur Häring hatte dabei sein Vergnügen, weil er einmal zu sehr auf Abwechslung erpicht war. Ihm konnte es so nur recht sein. Er war, wie wir sagten, wie ein hartdrissiger Hund. Stets auf Jagd nach dem ewig Weiblichen.

Unser Häring war verdammt kein Adonis. In seinem Liebeswerben aber stets und überall unermüdlich. Seine Pflegebefohlenen hatten es nicht gut bei ihm. Mitleidslos piesackte er seine Untergebenen und trieb manchen die Galle ins Blut. Sein Steckenpferd war, Einjährige und Kriegsfreiwillige zu schikanieren, ihnen etwaige vornehme oder überflüssige Manieren abzugewöhnen. Der Krieg sollte doch seines Erachtens wenigstens zwanzig Jahre dauern.

Zu ernst? Die Einjährigen also? Und Kriegsfreiwillige, die hätten sowieso alle Soldat werden müssen. Wenn sie trotzdem glaubten, sich vordrängen zu müssen, dann mußten sie auch für ihren Vorwitz gebührend bestraft werden.

Leere Flaschen für den Mann mit den Sieben Sprachen

Foto: Unbekannt, Quelle: National Archives and Records Administration, ARC ID

Giftgasangriff im Blasverfahren

Das Reguläre Frontschwein

Foto: Halsey, Francis Whiting, Quelle: "The Literary Digest History of the World War", volume V, p. 55, 1920

Variationen von Gasmasken im Ersten Weltkrieg

Fou

Armentières

Nur ich, als Kriegsfreiwilliger, hatte es trotzdem gut bei ihm. Und das nur, weil hier wieder seine Not die Tugend erforderte. In seinem Bauerndickschädel hätten nämlich zehn französische Vokabeln Platz finden können. Und er liebte doch die Französinnen so sehr, und wie sollte er sich mit ihnen verständigen? Deswegen brachte dieser Mann, von dem ich, wenn er vor der Kompanie stand, noch nie ein anständiges Wort gehört, es fertig, wenn es ans Quartiermachen ging, vor mir seine süßesten Flötentöne zu bringen.

»Hark, verfluchtes Schwein«, redete er mich an, »geh los, mach Quartier und such meinetwegen dir - - und mir das Beste!«

Ein verständnisinniges Blinzeln meinerseits, die Hacken zusammengehauen und rin in die Häuser.

»Madame, resp. Monsieur, vous aurez enlogement! Voulez vous des simples soldats, sous officiers - -«

»Oh, Monsieur, malheur, mais il faut des soldats. Pauvres garçons!«

So war es meistens. Ließ ich den Leuten manchmal oder oft die Wahl, entweder zwölf Mann oder vier Unteroffiziere oder ein Leutnant, die zwölf Mann bekamen den Vorzug, und einmal frug ich ein altes Mütterchen in Taveaux ganz erstaunt, warum sie sich lieber durch zwölf Mann die Ruhe im Hause nehmen lassen wolle, statt es nur mit einem Offizier zu tun zu haben. Ihr Haus wäre doch auch durch einen Mann viel mehr geschont als bei zwölf.

»Oh nein«, sagte sie, »ich habe so viel Mitleid mit diesen armen Jungens, wissen Sie, ich habe oft vom Fester aus zugesehen, wenn die drüben auf dem Felde Übung halten. Die deutschen Offiziere sind nicht gut zu ihren Leuten. Stellen sich viel zu hoch über die Leute. Hier im Hause haben französische Truppen gelegen mit ihren Offizieren, ehe die Deutschen kamen. Die französischen Vorgesetzten sind viel besser mit ihren Leuten. Sie sagen »Kamerad«. Wie schreit der deutsche Vorgesetzte den einfachen Mann an? »Schweinskerl« (tête couchon).«

Als ich nun doch glaubte, Einwendungen machen zu müssen,

quittierte sie meine Geste freundlich:

»Oh lala, Monsieur, es ist so, und es war 1870 genauso, denn in diesem Haus hatte ich damals, als ich noch ein Kind war, dasselbe erlebt mit der deutschen Einquartierung.«

So sprach das Mütterchen aus Traveaux, aber mein Roman beginnt in Armentières resp. Lambersart. Wir landeten dort in einem »feinen Viertel«, so 'ne Art Villenkolonie. Im ersten Haus, dort beim Quartiermachen empfing mich der Tod. Auf mein Klopfen hatte ich keine Antwort bekommen, und als Soldat war ich gehalten, nicht zuviel Federlesens zu machen. Als ich keine Antwort bekam, drückte ich die Klinke und trat unaufgefordert in die Küche. Die Türe zum Schlafzimmer stand offen, und ich erblickte eine Gruppe Menschen, die um das Sterbelager einer alten Frau kniete. Sie hielt das Gesicht zu mir gewendet. Die Augen starr geöffnet und den Mund wie in Atemnot weit offen.

Ein Abbé löste sich aus der Gruppe, trat auf mich zu:

»Was ist das?« Das konnte ich zu genau erkennen. Ich murmelte:

»Excusez«, wendete mich so leise wie möglich und glaubte, für die arme Sterbende ein kleines, heimliches Stoßgebet murmeln zu müssen.

Im übrigen standen wir Feldgrauen mit Freund Hein stets in engster Nachbarschaft, als daß mich sein unvermutetes Erscheinen zu sehr bewegt hätte. Ich hatte Quartier zu machen und dem Häring sein Futter zu besorgen.

Da kam ich mit einer hübschen rotblonden Französin in Unterhaltung. Sie hatte mein Anliegen mir an der Nasenspitze angesehen. Natürlich, wenn es eben sein mußte, Einquartierung, konnte es ihretwegen auch ein marechal, alias Spieß, sein.

»Madame«, sagte ich, »der Herr ist aber manchmal sehr liebebedürftig!«

»Oh, das macht nichts, das sind die deutschen Soldaten alle. Lassen Sie ihn nur kommen, ich werde mit ihm fertig.«

Der Schalk blitzte ihr aus den Augen. Außerdem war sie verflucht hübsch und hätte auch einem ägyptischen Josef gefährlich werden können. Das Ding wird diesmal heiter, dachte ich. Diesmal bin ich aber wirklich neugierig.

Es war noch ein vornehmes Haus da. Als ich im Schlachtschritt durch den Korridor stampfte, kam mir eine Aristokratin, ganz in Schwarz, entgegen. Sie empfing mich mit Würde und geleitete mich in den Salon. Das Ameublement war durch große Tücher meist bedeckt, als wenn alles für den großen Umzug bereit stünde. Ich brauchte mich auch hier nicht sehr zu quälen.

»Combien de personnes?« (wieviel Mann?)

Ich ließ ihr die Wahl, ob sie chargierte oder einfache Soldaten haben wollte, indem ich sie gleichzeitig davon unterrichten zu müssen glaubte, daß die simplen Soldaten meist in großer Begleitung »des poux«, Läuse, kämen.

»Comme à la guerre«, das ist so im Kriege, erwiderte sie, und wenn sie alle ihr Leben stündlich verlieren könnten, so sehe sie nicht ein, was da noch für ein großer Unterschied zu machen sei. Ihre einzige Sorge sei nur, sie habe eine heranwachsende Tochter, mit der sie dies Haus allein bewohne, und sie bitte nur, diesem Umstande Rechnung zu tragen.

Da fragte ich sie, ob es sie vielleicht beruhige, wenn ich bei ihr Quartier nähme. Sie nickte ein klein wenig mit dem Kopfe und bat, ihr zu folgen, daß ich mir einen Platz in ihrem Hause auswähle. Das wollte ich ihr allein überlassen. Darauf zeigte sie mir ein Zimmer im ersten Stock, das gerade für unseren Leutnant gepaßt hätte. Nebenan war das Bad; sie bedeutete fein, daß ich stets Gebrauch davon machen könne.

Damit war meine Arbeit getan, und ich stattete Häring Rapport ab. Im Sturmschritt zog er mit mir, gefolgt von den Schreiberhengsten, zu seinem Quartier. Sein Schnauzbart stand ganz à la Guillaume, wie die Französin später immer sagte. Er wollte sofort vorgestellt sein durch mich, der ich den Dolmetscher zu machen hatte.

»Sagen Sie der Frau, daß ich der Kompaniefeldwebel bin, hier Quartier nehme und alles tun werde, um ihr meine Gegenwart angenehm zu machen«, trug Häring mir auf.

»Madame«, sagte ich auf Französisch, »das ist der Kompaniefeldwebel, dieser Adonis des deutschen Kaisers legt Ihnen sein Herz zu Füßen.«

»Soyez les bienvenues!« (Seien Sie willkommen), sagte sie, und weiter solle ich ihm verdolmetschen, wenn er sein Herz ihr zu Füßen lege, dann habe er ja keines mehr, wenn er gegen die Feinde bestehen müsse.

Ehe sie noch ganz ausgeredet, verlangte Häring zu wissen, was sie erwidere. Ich log, daß sie gesagt, sie finde ihn sehr interessant, freue sich, ihn bei sich zu sehen, sie werde alles tun, um ihm ihr Haus angenehm zu machen und werde ihm auf besonderen Wunsch sogar den Kaffee ans Bett bringen. Da glaubte er schon genug zu wissen und drängte mich ab. Wenn er eine so günstige Plattform vorfand, glaubte er die nötigen Sprünge schon selbst machen zu können.

Gegen Abend ließ er mich also wieder eiligst rufen. Madame strahlte und Häring hatte einen so roten Kopf, daß ich glaubte, er gerate aus dem Häuschen.

»Sagen Sie der holden Fee, verflucht, daß sie auch gar nicht deutsch versteht. Sagen Sie ihr doch, ob ich heute Abend zu ihr kommen dürfe.«

Hm, das war ein bißchen viel für den Anfang. Ich sah Madame an. Ihr spitzbübisches Lächeln ermunterte mich, und ich verdolmetschte ihr wörtlich Härings Anliegen.

»Genau, wie ich dachte«, sagte sie, »es sei ein bißchen viel für den Anfang und-.«

»Ach, Madame, veralbern Sie ihn ruhig ein bißchen. Lassen Sie ihn ruhig kommen, aber nicht zu nahe. Ich will sogar Wache halten in Ihrer Nähe, wenn Ihnen ein Leid geschieht, brauchen Sie nur zu rufen.«

»Gut«, sagte sie, »sagen Sie ihm, er könne heute Abend um neun Uhr ans Fenster kommen. Er soll draußen klopfen. Aber auf keinen Fall werde er hereinkommen. Und Sie, Monsieur, kommen vorher zu mir herein. Dann werden Sie etwas zum Lachen bekommen!«

Es wurde dem aufgeregten Häring schon wieder zu lange, und ich übersetzte ihm, heute Abend dürfe er Punkt neun Uhr, aber nur von der Straße aus, an ihr Fenster klopfen, und sie wolle sich nur durchs Fenster mit ihm unterhalten.

Schon wieder konnte ich nicht schnell genug verschwinden. Häring steckte mir aus lauter Freude eine Flasche Rum zu und schob mich eiligst ab. Auf dem Rückzuge begegnete mir der kleine Präkelt.

Darf ich vorstellen: Seines Zeichens Buchdrucker aus Berlin. Ein sehr heller Kopf. Ein Sarkast. Mein treuer Kamerad in allen Gefechtslagen. Von weitem entdeckte er die in der Tasche ruhende Rumflasche. Ich reichte sie hin.

»Du Präkelt, heute gibt es ein Kapitalvergnügen. Häring geht zum Rendez-vous, das ich vermittelt. Ich weiß noch nicht, wie es wird; aber ich ahne einen großen Spaß. Siehst du jenes Haus? Und vor jenem Fenster wird Häring Punkt neun Uhr fensterln. Und du kannst damit machen, was du willst.«

»Na, ick wer mal hinkommen!«

Reichlich früh schlich ich mich vorsichtig zur Französin hin. Ich war auch sehr neugierig. So gegen neun Uhr hob sie den Wasserkessel aus dem Ofen, und - berußte sich kräftig die Hände, und dann blies sie das

Licht aus. Gleich darauf klopfte, mit militärischer Pünktlichkeit, Häring ans Fenster.

Madame öffnete. Ich stand im Hintergrund des Zimmers. Häring begann draußen seine Kratzfüße. Madame stellte sich aber sehr spröde. Sie hatte nur einen Flügel geöffnet. Häring schien sich wie ein Pfau zu spreizen. Nachdem er eine Zeit lang draußen balanciert, suchte er sich auf's Fenstersims zu schwingen.

Madame tat sehr erschrocken und tat, als ob sie ihn abwehre. Er patschte nach ihrem Arm. So genau konnte ich in der Dunkelheit nicht sehen. Aber mir schien, als ob Madame ihm jetzt das Gesicht streichelte, und ich hörte, wie ihre Stimme sanft wurde. Dabei traktierte sie ihn in Worten mit allen blödsinnigen Liebenswürdigkeiten, die er ja nicht verstand und etwa besagten, »verliebter Pavian, du Kakadu, ich will dir mal für lange Zeit genug geben.« Und nochmal fuhr sie ihm mit zarter, schwarzer Hand um Gesicht und Nacken.

Ich mußte mir auf die Lippen beißen, und der arme Häring glaubte jetzt, stürmisch werden zu müssen und drang weiter vor. Sie aber entwandt sich gewandt und klappte ihm das Fenster vor der Nase zu.

Ich flüchtete schnell:
»Bonne nuit, Madame!« und verduftete durch die Hintertür nach der Kantine, - die durch Präkelts Schuld heute Abend dicht besetzt war. Er hatte mich gleich erspinxt, segelte auf mich zu und verlangte Berichterstattung.

Wir standen ein bißchen abseits, zur Türe schräg, und ich brauchte gar nicht zu berichten; denn mit einem Male fliegt die Tür auf - das ist Häring zum Abendschoppen - und im Moment ist die Kantine, in der es vorher gesummt wie in einem Bienenkorb, mäuschenstill. Alles starrt auf Häring, den konzentrischen Mittelpunkt. Nur ein paar Sekunden - dann bricht ein zwerchfellerschütterndes, homerisches Männergelächter los - wie ich es im ganzen Feldzug nie wieder gehört.

Der Einzige, der nicht lacht, der auch nicht begreift, was los ist, unser Häring steht wie eben auf dem Planeten angekommen, mit fragendem, blödsinnigem Gesicht da. Oh, alle konnten sie ihn gut leiden. Auch die Chargierten, seine Kameraden, niemand erbarmte sich seiner, der noch immer sprachlos, dumm im Zentrum stand - und nicht wußte, was das zu bedeuten habe - dies grölende Lachen!

Es war auch zum Heulen schön. Rechts und links auf den Backen den schwarzen Abdruck von fünf Fingern; um den Hals schwarze Streifen und über die Stirn, zwar etwas undeutlich, aber doch leserlich:

»Fou« - verrückt.

Also Häring war der Einzige, der nicht lachte und allmählich begriff, daß er allein die Ursache sei. Seine Stirnader schwoll. Da hielt ihm der Kantinier ein Stück Spiegel vor Augen.

Hineinsehen - begreifen - und plötzliche Flucht unter erneuerter, donnernder Lachsalve!

Es dauerte sehr lange, bis das Lachen abgeebbt. Irgendsonst noch jemand, der auch Französisch verstand, hatte den anderen das auf die Stirn geschriebene »fou« übersetzt.

Seit dem Tage hatte Häring einen neuen Namen, wurde bei Deutschen und Franzosen volkstümlich unter dem Namen »Fou«.

Es kam vor, wenn Häring über die Straße schritt - aus irgendeinem Fenster oder einem Winkel ein französischer Gassenbub ihm ein »Fou« zurief, und soviel er den Kopf verdrehte, er sah niemand und erwischte niemand. Schließlich mußte er begreifen, daß er mit dem Fluch der Lächerlichkeit bleibend geziert war.

- »Häring, das war meine Rache für deinen Fußtritt!« -

Als die Nacht noch Leute eingeteilt wurden, die in Stellung gehen sollten, flutschte ich mich dazwischen - weil ich dachte, daß Herr »Fou« vielleicht irgendeinen Verdacht schöpfen könnte, daß ich an seiner Blamage nicht ganz unbeteiligt gewesen sei.

Fou

Foto: Ernest Brooks, Quelle: Foto Nr. Q460 vom IWM

Armentières, März 1916

Das Reguläre Frontschwein

Foto: Frank Hurley, Australian War Memorial ID E01220

Australische Soldaten im Chateauwald bei Ipern am 29. October 1917.

Bei den Sachsen

Cermentière

Allerhand Weg nach vorne. Aber auffallend friedlich. Sonst konnte man die Nähe der Front mit jedem Schritt dorthin spüren. Hier hieß es auf einmal, das sind wir, und da drüben der Engländer. Es war beinahe so friedlich still wie in der deutschen Heimat im Sommer in irgendeinem Dorf. Wir schlängelten uns durch zerschossene Häuser, dann durch eine Unmenge Ziegelsteine, kamen durch einen gewölbten Gang, dann waren wir in einer großen Kuppel drin - die, unglaublich beinahe, aber wahr, sogar elektrisch beleuchtet war -. Also, wir befanden uns in dem Ringofen einer großen Ziegelei. Er diente uns als Unterstand. Unser Leutnant und zwei Feldwebel mit acht Mann schritten die Stellung besichtigen, um auszumachen, wo wir unsere Werfer aufstellen sollten.

Wir waren in der Nacht nach vorn gegangen - jetzt begann es bereits Morgen zu werden. Eben standen wir an einem Verbindungsgraben und trassierten eine Stelle, wo wir den Werfer aufstellen würden. Im Moment dachte vielleicht niemand an Krieg, als ich hinter mir jemand rufen hörte:

»Hands up!«

Nanu, was ist denn los? Ich drehte mich um und sah in die Stockgesichter zweier blitzsauberer Engländer. Der eine mußte gar Offizier sein. Hatten die »hands up!« gerufen? Keiner von uns sieben hatte die Arme hoch; aber langsam, zögernd, wie wenn sie schwer daran hebten, nahmen diese beiden Engländer die Arme jetzt hoch, ihre Augen auf unseren Leutnant gerichtet. Er hatte »hands up!« gerufen und verlieh seiner Aufforderung mit einer Pistole Nachdruck.

Die Engländer waren kaum bewaffnet oder sagen wir schon lieber, gar nicht. Wie konnten sie sich so in unsere bereits rückwärtige Stellung wagen? Es war im Moment schwer zu entscheiden, wer mehr überrascht schien, wir oder die Engländer, denen der Leutnant erst nochmal genau erklären mußte, daß sie unsere Gefangenen seien. Gleichzeitig erhielten zwei Mann und ich den Befehl, diese Zwei mit aufgepflanztem Bajonett zum Abschnittskommandeur zu bringen. Unser Leutnant ging selbst mit. Er fragte die Engländer unterwegs, wieso sie so unbehelligt so weit nach hinten in die deutsche Stellung gelangen konnten. Der englische Offizier schien sich die Unterlippe abbeißen zu wollen, und sein junger Begleiter murmelte etwas und schien jedes dritte Wort »bloody« zu sagen.

Beim Verhör beim Abschnittskommandeur bekamen wir dann allerhand Liebliches zu hören. An dieser Stelle der Front schien gar kein Krieg zu existieren, und das hatte folgende Bewandtnis: Hüben und drüben hatten sie entdeckt, daß sie bei den Sachsen seien. Englische Saxen und deutsche Marschierende aus Sachsen. Sie seien also stammesverwandt und hätten damit weiter keinen Grund, sich gegenseitig totzuschießen. - Oh, es kamen tolle Dinge zu Tage.

Die Engländer hausten, wie wir fast von unserer Stellung aus sehen konnten, nicht in Unterständen - sondern in frischen Zelten, direkt hinter dem Schützengraben aufgeschlagen. Scharf geschossen galt an dieser Front nicht. Auch die Artillerie nicht. Wohl dröhnten jeden Tag die von der Division vorgeschriebenen so-und-soviel Schuß. Aber es kam nur auf den Knall an, die Kartusche wurde abgefeuert, das Geschoß aber vergraben. Vielleicht weiß jemand noch besser als ich, 40000 Granaten haben unsere Pioniere in jener Gegend wieder ausgegraben.

Vorne die Stellung war stellenweise gar keine. Über die Hauptstraße hatte man nur einen Bretterverschlag als Schützengraben aufgestellt. Den umzuwerfen, brauchte es nicht mal eine Handgranate.

Von der Artillerie in jener Gegend erzählte man sich, daß sie sich per Wagen die »Damen« aus Lille am hellichten Tage in ihre Stellung fahren ließen. Toll! Nicht wahr! Aber menschlich verständlich und schändlich.

Oh, was sind wir Dreckpioniere für arme Säue, dachte ich. Jawohl, ich war selbst Pionier. Höchste Ehre des Krieges dürfen wir für uns in Anspruch nehmen. Selten zu sehen; doch immer zu spüren. Abgesehen von allgemeinen Lobhudeleien gelegentlich, hat uns da bei Verdun die Anerkennung des Kronprinzen eine große Genugtuung gewährt. Es war mehr als eine Pose, als er uns, auch mir persönlich, bei Verdun eine Schachtel Zigaretten geschenkt. Den Sinn haben wir gut begriffen, und ich bin überzeugt, ganz persönliche Ansicht, bitte!, hätte dieser Sproß ruhmreicher Ahnen mehr freie Hand gehabt, er hätte mit uns Taten vollbracht, die vielleicht eines Friedrich des Großen würdig gewesen wären. Er hatte das Zeug, sich sehr beliebt zu machen - und es hieß bei uns, man müsse ihn dauernd zwingen, Distanz zu halten.

Man mache ihm keine Vorwürfe wegen Verdun! Ich war selbst bös' in der Mühle drin. Aber es hat nur ein Kleines gefehlt, die große

Schlagader Verduns abzubinden, und er hätte vielleicht den größten Ruhm des Feldzuges seinem Namen verliehen.

Aber wir sind hier bei Cermentière, und Verdun liegt weit links. In dieses Gebiet kamen wir mal wieder, wie so oft, als Unruhestifter.

Unsere Antrittsvisite wurde denn auch gleich mit zwei Toten - Kopfschüsse - belohnt. Unerhört, das in einer Stellung, die monatelang keine Verluste gehabt. Aber so schnell hatte sich der Engländer umgestellt.

Ich bin der Meinung, daß jenes ganze Friedensmanöver der Engländer in dieser Stellung nicht echt war. Diente es ihm vielleicht nur dazu, sich ein Loch offenzuhalten, um seine Spione gefahrlos durchschicken zu können? Es war mal wieder deutsche Dummheit, die er ausnutzen konnte. Wer den Engländer nur ein wenig kennt, weiß, daß ihm deplazierte Sentiments im Kriege absolut fremd sind. Wir hatten ihn offenbar wiedermal in seinen Berechnungen gestört, dafür mußten wir aus der ersten Nacht zwei Tote heimbringen.

Wir kamen gegen acht Uhr ins Ruhequartier, und schon um zwei Uhr trugen wir die beiden - ohne viel Herumweinen - zu Grabe. Wir sangen ihnen das Lied vom guten Kameraden ins Grab, und gleich ging's wieder zur Tagesordnung.

Wir hatten einen Tag Ruhe, während unsere Ablösung in Stellung lag. Nur ich kannte im Quartier wenig Ruhe. Hier - und dorthin wurde ich stets gerufen, den Dolmetscher zu spielen.

Des Abends luden mich einige Franzosen zu einer Tasse Kaffee ein. Ich stellte fest, daß ich schnell ihre Sympathie gewonnen. Sie waren Royalisten. Aus ihren Herzen machten sie keine Mördergrube, und manchmal glaubte ich zu hören, wenn die Republik diesen Krieg verspielen würde, werde nur ein neuer König Frankreich noch zum Heile gereichen können. Sie sprachen mit mir sehr offen.

Meine Doktrin, die ich vertrat, war, daß in diesem Kriege nicht Deutschland und Frankreich, sondern England und Deutschland Gegner seien. Ich erinnerte die Franzosen an den ununterbrochenen 100-jährigen Krieg mit England, erinnerte sie an die Jungfrau von Orleans. Ich schalt sie sogar »bêtes!«, Dummköpfe, die dem Engländer diesmal die Kastanien aus dem Feuer holen sollen. Ich verteidigte mit Leidenschaft die Deutschen. Ich sei zwar kein Geheimdiplomat, habe aber in meinen jungen Jahren schon sehr viel Erfahrung gesammelt. Sei schon vor dem Krieg in England gewesen und habe als 17-jähriger schon aus eigener Erfahrung die Überzeugung mit nach Hause gebracht, daß der Franzose ein hochanständiger Mensch sei, auch der Engländer. Daß ich aber nie

»aufs Wort« irgendeine Gehässigkeit auf meinen Reisen in Frankreich erfahren, daß ich in England aber 1913 beinahe gelyncht worden sei, als ich in Southhampton am Quai stand, als der große deutsche Dampfer »Bismarck« auf der Rede draußen lag, und ich plötzlich - die Engländer wurden ganz still - beim Anblick des mächtigen Schiffes »hurra!« schrie.

Nun ja, ich war noch in den Flegeljahren, und der englische Matrose, ein »old fellow«, war vielleicht auch überdreht.

Ich sagte den Franzosen, daß daher an meiner Antipathie gegen die Engländer eine starke persönliche Note herrühre.

Ja, sagten mir die Franzosen, ob mir die Auffassung fremd sei, daß wir Deutsche doch eigentlich Stammesbrüder der Engländer seien. Es gebe doch sogar in England wie in Deutschland einen Landeskreis Sachsen. Sie wußten mir sogar von der Verbrüderung an der hiesigen Front zu erzählen. Daraufhin mußte ich ihnen sagen, daß ich eine Verbrüderung zwischen Deutschen und Franzosen für produktiver hielte, als diese eventuelle Wahlverwandtschaft.

Foto: Unbekannt, Attribution: Bundesarchiv, Bild 146-1974-054-017 / CC-BY-SA

Grabengeschütze werden in Stellung gebracht

Madame und Herr Patron - eine Tat der Menschlichkeit

Cermentière

Das sei meine individuelle Ansicht als Rheinländer. Ich nahm meine Geschichtskenntnisse zu Hilfe vom 8. Jahrhundert bis zur Jetztzeit; wollte ihnen dartun, daß sie gerade im Norden Frankreichs mehr germanisches als französisches Blut in den Adern hätten. Ich wurde beinahe pathetisch. Frug sie, was den Widerstand der Franzosen derartig belebe, ob sie mit mir vielleicht nachdenken wollten, daß dieser Poincaré nichts anderes als ein germanischer Dickschädel sei. Ob sie unter ihren besten Feldherren nicht solche mit rein deutschen Namen hätten. Ob sie schon mal darüber nachgedacht, daß die besten französischen Regimenter die nordischen seien. Ich sagte ihnen, daß auf einer Konferenz, einige Tage vor Ausbruch des Krieges, der Ausspruch eines Chefingenieurs eines der größten deutschen Werke gewesen sei, daß Deutschland und Frankreich, wenn sie zusammen gingen, die ganze Welt retten und dem goldenen Zeitalter entgegenführen könnten.

Schließlich wandte ich mich direkt an einen Baron, der auch mit im Kreise war, und fragte ihn geradezu, ob er unsere beiderseitigen Physiognomien nicht mal vergleichen wolle. Meiner Ansicht nach sei zwischen ihnen weniger Unterschied als zwischen seiner und der eines Südfranzosen.

Meine Quartiergeberin war auch mit im »cercle« gewesen. Meine Meditationen mußten ihr gefallen haben; denn sie lud mich zu Hause zu einer Tasse Kaffee ein. Sogar die streng behütete Tochter durfte ich sehen.

Zum ersten Male erzählte sie mir auch etwas aus ihrem Nähkörbchen, daß sie großes Leid trage. Monsieur le patron, er sei ihr Mann, der stehe schon seit 1914 als Leutnant an der französischen Front. Sie habe ihn das letzte Mal gesehen, als die Deutschen kamen. Sie zeigte mit der Hand durchs Fenster. Drüben, übers Feld, da habe ihr Mann von ferne noch gewinkt, als die Franzosen zurück mußten. Viele seien auf jenem Acker gefallen. Es sei nur Gewehrfeuer gewesen. Und drüben hinter dem Bahndamm seien die Deutschen in Schützenlinie vorgekommen. Ach, sie habe am selben Tag, trotzdem sie oft weggewiesen wurde, jeden Gefangenen, Verwundeten oder Toten angesehen. Ihren Mann habe sie dabei nicht gefunden. Ganz ohne Nachricht, habe sie lediglich ermitteln können, daß seine Regimentsnummer oft in der Nähe gewesen sei. Ach, und ach - Frauentränen - sind was Schreckliches. Jetzt beschloß ich, etwas zu tun, was vielleicht gegen die Kriegsgesetze, aber nicht gegen Menschengesetze, ging.

»Madame, geben Sie mir bitte den genauen Namen von Herrn Patron.« Patron, so nannte sie ihn immer: Das heißt aber soviel wie Hausherr.

»Pourquoi, Monsieur?«

»Wofür, Madame? Man kann nicht wissen, es gibt so vieles im Kriege, es kann unter anderem auch sein, daß ich in Gefangenschaft gerate!«

Als ich mir den Namen aufschrieb und dann aufsah, sah ich den tränenumflorten Blick der Tochter auf mich gerichtet. Das erste Mal im Leben, daß unter französischem Auge mein Herz ein bissel schaurig süß erschauerte.

Auf meiner Stube nahm ich meine Zither und spielte französische Lieder. Das Lied von der Normandie. In einer Zwischenpause hörte ich etwas rascheln, wie hinter einer Wand. Später konstatierte ich, daß das Zimmer der Tochter an meines stieß, Tür neben Tür. Da habe ich öfter zur Zither gegriffen und machte sie zur Dolmetscherin meines Herzens. Nie hätte ich gewagt, ein direktes Wort an »sie« zu richten; aber meine Zither durfte ich sprechen lassen.

Beim nächsten Mal in der Stellung, bauten wir die Werfer ein. Ich wurde als Abzugs- und Richtungskanonier einem schweren Werfer, der nur auf 300 mtr schießen sollte, zugeteilt. So kamen wir nur 100 mtr hinter der vordersten Stellung zu liegen. Unser Geschütz stellten wir in einem schmalen Ausgang der Ziegelei auf.

Eingeschossen wurde nicht. Das Geschütz mußte einfach nach Planquadrat eingestellt werden. Das Einschießen hätte ja unsere Anwesenheit verraten.

Nun erprobte ich zuerst meine Kunst. Der Offiziersstellvertreter, ein alter Pionier, fand meine Kunst richtig. Es konnte so bleiben. Eine halbe Stunde später kam Herr Leutnant mit Tabellen und Sonstigem, studierte eine halbe Stunde herum und fand den Winkel nicht richtig. Ich mußte weiter stellen. Nach ihm kam wieder unser Offiziersstellvertreter, sah sofort die Änderung und ließ wieder nach dem alten Stand richten. Dann kam wieder der Leutnant und ließ wieder ändern. Und dann kam wieder der Stellvertreter, und als er gerade am Ändern ist, springt der Leutnant hinzu, bläst ihn an, bekommt Gegenrede. Die Zwei kriegen sich in die Haare. Der Leutnant zieht den Revolver und befiehlt seinen beiden Begleitern, den Widerpart zu verhaften. Sie nahmen ihn in ihre Mitte und führten ihn mit aufgepflanzem Bajonett davon. Wir spielten nur die stummen Zeugen. Unser Stellvertreter tat uns leid, denn er war viel mehr beliebt als unser windiger Leutnant.

Wir sollen noch schwere Munition heranschleppen und dann einige Stunden Ruhe vor dem Sturm - Sturm - es war nur ein »markierter«. Zur Zeit war doch die Front stellenweise von wegen der Somme von Artillerie äußerst entblößt. Und wir, wir mußten mit den Werfern durch häufige Feuerüberfälle, bald hier, bald dort, die Artillerie markieren. Mit der Zeit gewannen wir eine große Routine. Unsere Überfälle waren immer von Erfolg. Nach dem Überfall wurde ein Vorstoß in den feindlichen Graben gemacht, und fast stets gab es Gefangene und fette Beute.

Vor dem heutigen Sturm war es ganz besonders ruhig. Wir lungerten gelangweilt in der Fabrik rum. Ich saß in einer Ecke und komponierte an einem Brief auf Französisch rum.

Ich hatte folgenden Plan. Heute, nach dem Feuerüberfall, wollte ich in der Dunkelheit mit der Infanterie in die feindliche Stellung vorgehen. Das brauchten wir zwar nicht, aber es hatten schon öfter welche von uns das getan. Dann wollte ich den Brief dort auf gut Glück liegen lassen, wenn sie wieder zurückgingen. Das einzige Bedenken, das ich hatte, wenn ich unterwegs fiel, ob es meinem Versuch oder sonst noch jemandem schaden könne. Einstweilen machte ich den Brief auf Französisch fertig. Sein Inhalt:

> *Monieur le capitaine NN Regt. pp. Ein deutscher Soldat, der von dem Leid ihrer Familie erfahren, schickt Ihnen diese Zeilen, mit der Bitte um ein Lebenszeichen an diese. Die Familie befindet sich wohl, den Verhältnissen entsprechend. Sie trägt nur wegen des Patrons große Sorgen.*
> *Un soldat allemand.*

Den Brief verbarg ich einstweilen, bis es an der Zeit wäre, unter einem Stein in der Ziegelei.

Gegen Dämmerung zu wurde es jetzt lebendig bei uns. 60 Zuckerhüte mit Zubehör lagen versandfertig. Die Uhren wurden nochmals genauestens gestellt. Punkt 6 Uhr 40 soll mal wieder die Hölle losgehen. Die erste Mine wurde ins Rohr gesteckt. Dann, es krachte schon, ein Einschlag vom ersten Geschütz. Im Moment riß ich die 20 mtr lange Leine, eine halbe Minute erdröhnte die ganze Front unter einem infernalischen Donnergebrüll. Beinahe auf dieselbe Sekunde krachten da drüben 60 Minen. Und jetzt raus, was raus geht. Jeder hatte seinen Arbeitsteil. Es klappte alles wie in einem aufgezogenen Uhrwerk. Geredet wurde dabei nicht - nur Präkelt konnte ab und zu seine gottverdammte Klappe nicht halten. Der Platz, von dem aus wir schossen, war wohl ehedem ein Büro oder sowas gewesen. Er lag wie ein Kellergeschoß und hatte nach vorne so eine Art Oberlicht gehabt, vielleicht ein Meter im Quadrat, durch das hinaus wir unsere Minen beförderten. Im Raum war, nachdem unser Werfer aufgestellt, wenig Bewegungsfreiheit. Außerdem hatten wir nach rechts und links die Wände noch verdämmt. Nach oben ließ sich nicht viel machen. Es lag wohl auch genug Schutt darauf.

    Der Tommy hatte ja leicht erraten gekonnt, daß diese zerschossene Ziegelei wie ein Karnikelbau bewohnt war. Ja, und so erhielten wir denn schnell, nachdem wir kaum die dritte Mine rausgewichst, von drüben starken Zunder. Und es ging verdammt nahe jedes Mal. Drum hielt sich jeder nur so lange als unbedingt nötig, beim Geschütz auf und sauste nach getaner Arbeit ab wie ein Wiesel durch den 20 mtr langen Gang in Deckung. Am meisten mußte ich am Geschütz verweilen; denn oh weh, ich machte bald eine schlimme Entdeckung. Der Boden unter dem Geschütz gab nach, so daß nach jedem Abschuß die Deckungsplatte besonders nach vorne einsank.

    Ich machte Hünermann, unseren Unteroffizier, darauf aufmerksam. So schnell und so gut es ging, nota bene, es war doch Schnellfeuer befohlen, richteten wir nach. Mir schien die Hauptsache, daß wir überhaupt noch den Schuß zum Fenster hinausbekamen, denn sonst konnte es uns gehen, wie vor kurzer Zeit den Kameraden, als der Schuß, statt zum Unterstand hinaus, zur Deckung ging, und eine furchtbare Katastrophe herbeiführte. Nach der neuen Einstellung konnte der Schuß eher zu weit als zu kurz gehen. Es galt doch vor allen Dingen zu handeln und unser vorgeschriebenes Pensum in der vorgeschriebenen Zeit zu erledigen. Parole:

    »Raus, was rausgeht!« Nun darf ich hier gleich vorwegnehmen:

    Durch den neuen Winkel war die Flugbahn auch eine längere geworden. Die Mine ging höher, das hatten wir außer acht gelassen. Was war die Folge? Wie uns später die Infanterie erzählte, hatten an einer Stelle, und das müssen wohl wir gewesen sein, die Minen geradezu fürchterlich gewirkt. Teile vom englischen Drahtverhau waren bis in unsere Stellung geflogen; denn ein Teil der Minen war über dem Tommy in der Luft krepiert und hatte so eine ganz andere Wirkung. Das raste und tobte jetzt, und Satan muß eine helle Freude gehabt haben an der menschlichen Hölle. Ob ich noch Angst empfand - Ja, die Stimmung läßt sich gar nicht beschreiben. Das Besinnen ist doch gänzlich ausgeschaltet. Es blitzte und krachte an, auf, hinter unserer Geschützbude, und ich lag hinter dem Teufelsinstrument auf den Knien, drehte und richtete, linste - und dann Sprung zurück - fertig - feuern!!! - bumm - raus war wieder eine.

Wie so alles im Leben, nahm auch dies Konzert ein Ende - und beinahe gleichzeitig schwieg die ganze Front. Nach dem letzten Schuß durften wir wieder etwas zu uns kommen. Wir umstanden kopfschüttelnd unseren Jumbo. Beim nächsten Schuß, meinte Präkelt, wäre er im Keller verschwunden gewesen.

Nun waren wir wiedermal fertig und durften die Hände in die Hosentaschen stecken.

»Präkelt, gehst du mit, einsammeln, da vorne?« »Icke? Aber selbstverständlich!«

Karabiner geschnappt, vorsichtshalber einen Rahmen Patronen rein - ich verschwand nochmal um die Ecke, den Brief - rein in die Rocktasche, und nun los. Wir liefen die 200 mtr über die Deckung - ohne den Zugangsgraben zu benutzen und waren schnell bei der Infanterie.

Der Abend war ganz finster. Von einem Drahtverhau vor der englischen Stellung kaum noch was zu merken. Ich mußte denken, wenn wir paar Mann derartig auf so einem Abschnitt ungehindert in die feindliche Stellung durch unsere Geschütze einbrachen, warum stellt man nicht ein paar 1000 mehr von den Dingern her, spickt die ganze Front damit, und der Krieg müßte mit einem Schlag aus sein.

Auch hier, - wie stets im ganzen Kriege, nur immer wieder Flickwerk. - Was darf ich schon sagen; ich bin nur Soldat und kein Stratege; eine schäbige Eins unter ein paar Millionen! Zu denken hatte ich nicht - nur zu schuften und eventuell zu sterben. Und dachte ich doch mal, wie heute, und wollte selbst was tun - Himmel, wenn man mich dabei erwischte! Aber ich mußte es tun, allen Kriegsgesetzen zum Trotz. Mein Gewissen gab mir recht. Es war eine Tat der Menschlichkeit, für die ich mich mehr oder weniger sogar mit meinem Leben einsetzte, und ich sagte mir, daß wir 1000 mal sicherer einen anständigen Frieden holen, wenn jeder von uns statt eines Totschlags, den er notgedrungen beging, solch eine Tat würde aufweisen können. Denn auch unsere Gegner sind keine Unmenschen, und oft genug hatte ich selbst aus ihrem Munde vernommen, wie sehr sie auch das Unglück des Krieges beklagten.

Unser Feuerüberfall hatte seine Wirkung gehabt. Ich entsinne mich anfangs des Krieges der Feuerüberfälle, da war mir das Ganze vorgekommen wie so ein bißchen Jahrmarkttrummel. Hatte man ein oder zwei Tag ruhig einander gegenüber gelegen, dann wurde aus lauter Langeweile schießlich ein Feuerüberfall inszeniert, mit »Tätärätätä und Kartoffelsuppe«, jeder schoß aus seinem Gewehr raus, was er in einer gewissen Zeit vermochte. Die dicken Brocken waren dabei noch weniger üblich. Es galt wohl nur zu zeigen, daß der Graben knüppeldick besetzt sei. Verluste gab es dabei kaum.

Hier, das, heute, das war ganz was anderes. Der englische Graben vollständig durcheinandergewühlt. Die Besatzung tot, verschüttet, verwundet. Die Unseren haben im ganzen auch nur elf Gefangene gemacht. Gefahrlos stolperten wir in dem englischen Graben umher. Es gab auch nicht viel Beute. Pro forma mehr hänge ich mir eine englische Feldflasche und einen Brotbeutel um. Auch noch ein anderes Ding, mit dem ich leider später eine sehr unliebsame Bekanntschaft machte, fand ich. Es war ein Totschläger. Der Griff wie von einer Schnittschaufel, daran eine Stahlspirale und am Kopf ein walnußgroßes Eisenstück mit Spitzen. So eine Art Morgenstern.

Dann den Brief aus der Tasche und hingelegt, mit einem Stein beschwert, an den Eingang eines demolierten Unterstandes.

Damit war mein Vorhaben erledigt, und ich verduftete alsbald in die Reservestellung rückwärts.

Eigentlich Hätten Wir Mehr Wissen Wollen Vom Frontschwein

Nein, Frontschwein, Du kannst hier nicht einfach aufhören! Wie sollen wir denn Deine Geschichte weitererzählen, wenn sie einfach hier aufhört? Eigentlich hätten wir gerne noch so viel mehr wissen wollen von Dir! Hat Herr Patron den Brief erhalten? Hast Du jemals etwas von Madame und ihrer Tochter erfahren? Was machten Pitt und Kättchen später? Wie ging's Elise nach dem Krieg?

Was bleibt ist dieses: »...ich sagte mir, daß wir 1000 mal sicherer einen anständigen Frieden holen, wenn jeder von uns statt eines Totschlags, den er notgedrungen beging, solch eine [gute] Tat würde aufweisen können.« Das gab es wohl nicht, denn der anständige Frieden ließ sehr lange auf sich warten...und, noch schlimmer, viele »anständige Frieden« lassen jeden Tag irgendwo auf sich warten. Moment mal, haben wir nichts aus der Geschichte gelernt...? Also sollten wir hier mal anfangen und loslernen: »Aber ich mußte es tun, allen Kriegsgesetzen zum Trotz. Mein Gewissen gab mir recht. Es war eine Tat der Menschlichkeit, für die ich mich mehr oder weniger sogar mit meinem Leben einsetzte.« Wir glauben, daß Du vollkommen recht hast, und wir bewundern Deinen Mut. Wo das Gewissen recht gibt, braucht man kein Kriegsgesetz. Wir hoffen, daß es noch ein paar gute Taten irgendwo gibt, denn »auch unsere Gegner sind keine Unmenschen, und oft genug hatte ich selbst aus ihrem Munde vernommen, wie sehr sie auch das Unglück des Krieges beklagten.«

Und dann das: »Was darf ich schon sagen; ich bin nur Soldat und kein Stratege; eine schäbige Eins unter ein paar Millionen! Zu denken hatte ich nicht - nur zu schuften und eventuell zu sterben. Und dachte ich doch mal, wie heute, und wollte selbst was tun - Himmel, wenn man mich dabei erwischte!« Wir wollen uns bei Dir bedanken, daß Du Dich entschieden hast, zu denken. Du hast Dich nicht gescheut, mit Blick auf die Wahrheit, alles offen zu legen. Du hast uns an Deiner Geschichte teilnehmen lassen. Es ist eine beeindruckende Geschichte. Was geschehen ist, ist geschehen. Wir können nur davon lernen. Und wir glauben, daß Du einen großen Teil dazu beigetragen hast.

Das Reguläre Frontschwein

Quelle: National Geographic Magazine, Volume 31 (1917), page 337

Ipern 1917

Eigentlich Hätten Wir Mehr Wissen Wollen Vom Frontschwein

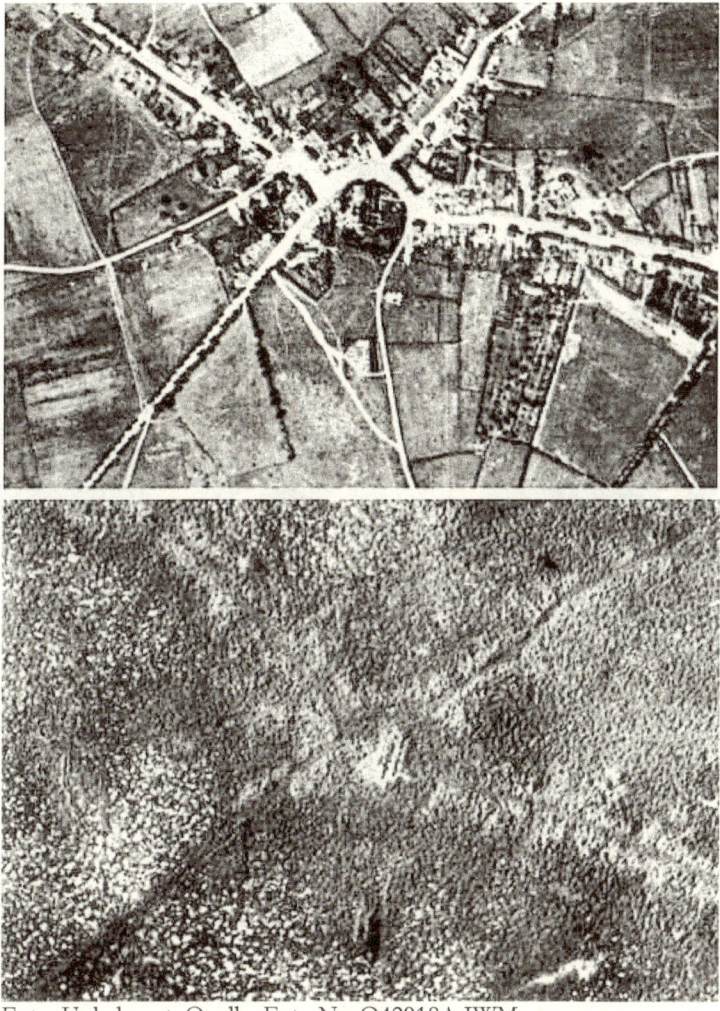

Foto: Unbekannt, Quelle: Foto Nr. Q42918A IWM

Passchendaele von oben, vor und nach 1917

Das Reguläre Frontschwein

Quelle: Francis A. March, "History of the World War", 1919, Chicago, Seite 72

Ipern

Was Wir nicht Wussten…

Foto: Ernest Brooks, Quelle: Foto Nr. Q1868, IWM

Englische Soldaten auf Fahrrädern in Brie, Somme, Frankreich, März 1917

Das Reguläre Frontschwein

Quelle: Walter Esplin Mason: *Dogs of all nations.* p. 105, 1915

Hunde ziehen ein Maschinengewehr

Was Wir nicht Wussten...

Foto: Australian official photographer , Quelle: Foto Nr. E AUS 827, IWM

27. September 1917: Truppen zu Pferd bei Ipern

Das Reguläre Frontschwein

Pressefoto, Quelle: Bibliothèque nationale de France, département Estampes et photographie, EI-13 (531)

Fußballteam in Nordfrankreich ca. 1916

Was Wir nicht Wussten...

Quelle: The National Geographic Magazine, Volume 31 (1917), Seite 338

Blockade bei Verdun

Das Reguläre Frontschwein

Foto: Frank Hurley, Australian War Memorial ID Nr. E01173

Luftraumüberwachung Oktober 1917 in der Gegend von Ipern

Was Wir nicht Wussten...

Foto: Unbekannt, Quelle: The Baloch Regimental Centre, Abbottabad

October 1914: Pakistanische Soldaten bei Hollebek

e

Das Reguläre Frontschwein

Foto: Unbekannt, Attribution: Bundesarchiv, Bild 183-R01996 / CC-BY-SA

Brieftaubenfotografie ca. 1914: Aufnahmen konnten während des Fluges zu vorher bestimmten Zeiten erfolgen

Das Reguläre Frontschwein

Das Reguläre Frontschwein

Das Reguläre Frontschwein

Quellen:

Viele der Originalbilder befinden sich heutzutage im Besitz von Museen, staatlichen oder privaten Sammlungen, Universitäten oder militärischen Einrichtungen. Soweit möglich sind alle vorhandenen Quellen angegeben[1].

---

[1] Alle im Text verwendeten Bilder sind entweder Kopien von frei zugänglichen Fotos oder selbst erstellt. Die Regelschutzfrist für die meisten Bilder aus den Jahren 1914/1915 ist erloschen, da für anonyme Werke die Schutzfrist 70 Jahre nach Erstveröffentlichung abläuft. Andernfalls erlischt die Schutzfrist auch 70 Jahre nach dem Tod des Urhebers.

Das Reguläre Frontschwein

Zur Person des Otto Christian Koufen:

Otto Christian Koufen überlebte zwar den Krieg, litt aber zeitlebens an den von den Giftgasangriffen verursachten Verletzungen. Er wurde später Lehrer und Immobilienmakler. Leider starb er, wie so viele, an den Folgen der Lungenverätzung im Jahre 1941. Sein handgeschriebener Kriegsbericht entstand ungefähr zehn Jahre nach Ende des ersten Weltkriegs, zu einer Zeit, die ebenfalls von den Wogen der Geschichte gekennzeichnet war.

Mögen zukünftige Generationen von den Kriegserfahrungen unserer Vorväter lernen und den Frieden so bewahren, wie Otto Koufen es sich wünschte.

Das Reguläre Frontschwein

www.ingramcontent.com/pod-product-compliance
Lightning Source LLC
Chambersburg PA
CBHW022103090426
42743CB00008B/701